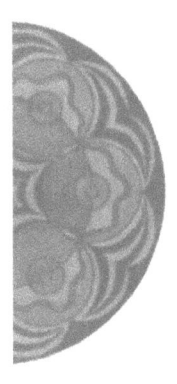

O IRMÃO: PSICOLOGIA DO ARQUÉTIPO FRATERNO

Dados Internacionais de Catalogação na Publicação (CIP)
(Câmara Brasileira do Livro, SP, Brasil)

Barcellos, Gustavo
   O irmão : psicologia do arquétipo fraterno / Gustavo Barcellos. 3. ed. revista e ampliada. – Petrópolis, RJ : Vozes, 2018. – (Coleção Reflexões Junguianas)
   Bibliografia.

3ª reimpressão, 2022.

ISBN 978-85-326-3901-1

1. Alteridade 2. Arquétipo (Psicologia) 3. Irmãos e irmãs 4. Psicologia I. Título. II. Série.

09-06848   CDD-155.44

Índices para catálogo sistemático:
1. Irmão : Arquétipo fraterno : Psicologia   155.44

Gustavo Barcellos

O IRMÃO: PSICOLOGIA DO ARQUÉTIPO FRATERNO

Petrópolis

© 2009, Editora Vozes Ltda.
Rua Frei Luís, 100
25689-900 Petrópolis, RJ
www.vozes.com.br
Brasil

Todos os direitos reservados. Nenhuma parte desta obra poderá ser reproduzida ou transmitida por qualquer forma e/ou quaisquer meios (eletrônico ou mecânico, incluindo fotocópia e gravação) ou arquivada em qualquer sistema ou banco de dados sem permissão escrita da editora.

CONSELHO EDITORIAL

Diretor
Gilberto Gonçalves Garcia

Editores
Aline dos Santos Carneiro
Edrian Josué Pasini
Marilac Loraine Oleniki
Welder Lancieri Marchini

Conselheiros
Francisco Morás
Ludovico Garmus
Teobaldo Heidemann
Volney J. Berkenbrock

Secretário executivo
Leonardo A.R.T. dos Santos

Editoração: Fernando Sergio Olivetti da Rocha
Diagramação: Sheilandre Desenv. Gráfico
Revisão gráfica: Silvana Moraes
Capa: Omar Santos
Ilustração de capa: Mandala produzida por uma paciente de Jung e reproduzida por ele em *Os arquétipos e o inconsciente coletivo*, vol. IX/1 das Obras Completas. 5. ed. Petrópolis: Vozes, 2007, p. 341, nota 182.

ISBN 978-85-326-3901-1

Este livro foi composto e impresso pela Editora Vozes Ltda.

...e todos vós sois irmãos.
Mt 23,8

Se, ao que tudo indica, o éon dos peixes foi governado principalmente pelo motivo dos irmãos hostis, então a chegada do novo mês platônico, chamado de Aquário, constelará o problema da união dos opostos.
JUNG, C.G. *Aion*. CW 9, II, § 142.

Para minha irmã, Adriana, que ajudou
a escrever essas notas dentro de mim.

Sumário

Nota introdutória, 9
Prefácio, 13
   Glen Slater
1 Irmãos e irmãs, 17
   1.1 Função fraternal, 17
   1.2 Fraternidade arquetípica, 41
   1.3 Transferência, 58
   1.4 Horizontalidade, 61
2 Psicopatologia das relações simétricas, 67
   2.1 Amor fraterno, 68
   2.2 Quando o irmão fere: Caim e Abel, 78
3 O irmão e a família reconstituída, 93
Referências, 99

Nota introdutória

Quando alguns amigos e eu estávamos às voltas com a ideia de organizar um primeiro encontro entre as pessoas de nosso contato interessadas no estudo e na discussão da psicologia arquetípica, em 2001, o tema do irmão, da fraternidade, ou das relações horizontais simétricas, ocorreu-me como um potente catalisador de fantasias que viabilizariam não só o evento, marcado para o mesmo ano, mas também a atenção para um assunto que, de muitas maneiras, parecia-me relegado ao segundo plano das preocupações teóricas da psicologia profunda quando, em meu modo de sentir e entender, ele já deveria estar em primeiro. As reverberações foram imensas. Um vasto horizonte se abriria nas múltiplas implicações que a observação e a consideração das relações simétricas podem trazer. Comigo, o tema instalou-se forte e foi gerando reflexões das quais cada vez mais não pude me afastar.

Vejo que esse tema vai se achegando aos mais diversos campos da experiência humana neste início de milênio – não só na psicoterapia –, e pude então entendê-lo e formulá-lo em sua designação junguiana de arquétipo fraterno. Buscar uma formulação essencialmente *psicológica* (não teológica, não sociológica, não metafísica) e profunda para a fraternidade pareceu-me – e ainda me parece – um desafio importante à reflexão e à prática.

Não sou mitólogo, intelectual, professor. Sou um analista, formado na psicologia e, portanto, as reflexões que proponho se dão a partir de um pano de fundo que podemos chamar, com toda sua ambiguidade, de *alma*, seguindo uma tradição filosófica e psicológica bastante antiga. São reflexões que partem fundamentalmente da observação e da clínica. Sigo o método de C.G. Jung que reconhece, assim como Joseph Campbell e James Hillman, que os mitos não estão nos livros sobre mitos, mas nas ruas, na vida e nas relações das pessoas, na praça e na arena públicas. Ou seja, atuamos inconscientemente suas histórias, suas ficções, e a essas ficções damos o nome de realidade. Os deuses são, nessa perspectiva, arquétipos do inconsciente coletivo, reservas culturais e ancestrais.

É a partir dessa perspectiva que busquei então falar sobre o amor fraterno, seus matizes e paradoxos na experiência individual, e sobre a irmandade como um campo fundamental de experiências e de ação no mundo, pois o eixo da horizontalidade estende-se no mundo, com aqueles que podemos chamar de irmãos.

Fraternidade não é unificar diferenças; é diferenciar semelhanças. A experiência da alteridade é inquietante, desafiadora, e começa com o irmão. O campo do Outro é vasto, cheio de prazeres e dores. Tanto do ponto de vista pessoal quanto do ponto de vista coletivo, as possibilidades do arquétipo fraterno são imensas: solidariedade, companheirismo, amizade, associações, cooperação, entendimento, lealdade, aceitação. Também grandes são suas feridas: rivalidade, inveja, hostilidade, autoritarismo, guerras civis, intolerância, preconceito.

Os capítulos que compõem este livro resultam de compilação, revisão e ampliação de textos escritos ao longo dos últimos anos, originalmente apresentados como contribuições a encontros, congressos ou seminários. Reunidos aqui, esboçam o pouco de pensamento que pude doar ao tema.

G.B.
Fevereiro/2009

* * *

Quase dez anos separam a primeira edição deste livro, em 2009, e esta de agora, revista e ampliada. Em 2016, publicou-se nos Estados Unidos, pela Spring Publications, uma tradução deste trabalho em língua inglesa, que levou o título de *The Sibling Archetype: the psychology of brothers and sisters and the meaning of horizontality*. Naquela oportunidade consegui fazer principalmente os diversos acréscimos, mas também as revisões e as (pequenas) alterações que, passados alguns anos, meu pensamento em torno do arquétipo fraterno, a meu ver, requeria ou merecia. Essas ampliações almejavam essencialmente levar a reflexão sobre este tema para além tão somente da psicodinâmica de irmãos e irmãs, rumo a uma exploração maior da metáfora das relações simétricas e da horizontalidade antiautoritária como uma possibilidade para o cultivo da alma. O modo como se apresentam no livro norte-americano junta-se agora a esta nova edição brasileira. O Prefácio, que ganhei de meu amigo Glen Slater para aquela edição, também enriquece esta.

G.B.
Fevereiro/2018

Prefácio

Para aqueles que entendem os padrões arquetípicos da psique como determinantes primordiais dos modos como vivemos e nos relacionamos, estudos inovadores são poucos e raros. Por definição, os arquétipos formam padrões imaginativos e de comportamento atemporais e universais. Embora sua manifestação possa mostrar variações ricas, dependendo das culturas e dos indivíduos, as formas subjacentes são evidentes em motivos recorrentes encontrados nos mitos e na religião, na arte e na literatura. Portanto, nós não propriamente descobrimos arquétipos, mas sim redescobrimos sua significação e desenterramos suas implicações psicológicas. Dessa forma, inovador significa discernir onde o terreno da vida psicológica está sendo aberto pela força de uma configurarão arquetípica previamente subestimada. Com este estudo incisivo o analista junguiano e escritor Gustavo Barcellos alcançou exatamente esta rara façanha.

Barcellos alerta-nos para o papel crucial, ainda que amplamente obscurecido, que têm irmãos e irmãs no cultivo da alma, jogando luz tanto numa categoria da intimidade quanto em seus mitos num amplo campo de interações humanas. Ler seu longo ensaio sobre este tópico é como pular para fora de uma nuvem, abrindo nossa consciência para o lugar central que ocupam em nossas vidas essas relações horizontais de igualdade e mutualidade. A partir desse novo ponto de vista podemos também observar o modo como relações verticais e hierarquizadas, dominadas pelas dinâmicas de poder e autoridade, têm dominado nosso pensamento. O resultado não é nada menos do que um novo enquadramento do universo relacional. Como argumenta o próprio Barcellos, a extensão psicodinâmica e metafórica do padrão da fraternidade para a vida global e de comunidade promete um "novo paradigma" para a interação humana e para os valores relacionais. O impulso democrático, a preocupação com os direitos humanos, a necessidade de uma consciência ética e a experiência vital da comunidade podem todos ser compreendidos com referência a esse arquétipo.

Um elo importante para a perspectiva de Barcellos aparece numa longa nota de rodapé escrita por seu mentor e amigo, James Hillman, em *O mito da análise* (1972). Hillman começava a dar uma nova feição às ideias junguianas, movendo-se para longe de uma interioridade literal da psique rumo ao sentido recuperado de uma alma no mundo, propondo a noção de fazer alma (*soul-making*) como um objetivo diferente para a vida psicológica. Naquele trabalho-chave, Hillman escrevia: "se o objetivo é fazer alma, então a igualdade da relação irmão-irmã deve ser soberana, caso contrário Eros e Psique não podem constelar" (cf. p. 22 e 36). Para aqueles que conhecem a história da psicologia arquetípica, essa localização fundamental da configuração dos irmãos entre a noção de cultivo da alma e a primazia do mito de Eros e Psique é notável. Nos capítulos desta obra, Barcellos realiza o potencial desse *insight*, mostrando-nos como a configuração dos irmãos fornece um modelo para um modo almado de existência. Este livro essencialmente reimagina o campo das interações humanas do mesmo modo como Hillman veio a rever a própria psicologia.

Os psicólogos arquetípicos também encontrarão nestas páginas a oportunidade de localizar a vida da psique para além dos muitos já tão desgastados sulcos da psicodinâmica da infância. A ênfase exagerada nas relações verticais, que levam direta ou indiretamente às figuras parentais, e que têm dominado o pensamento da psicologia profunda desde os primeiros dias de Freud e Jung, há muito vem sendo o foco crítico dessa abordagem. Ao fornecer um caminho para além do chamado arrogante da fantasia parental ativo em todos nós, parece que Barcellos oferece um alcance mais acurado daquilo que de fato faz sentido e gera uma sensação de vitalidade e significância na vida do dia a dia. Ele escreve: "É com o irmão arquetípico que construímos na alma a experiência e o sentido da igualdade e da simetria, tão importantes para o sucesso ou o fracasso do estabelecimento de várias relações significativas durante a vida" (cf. p. 90).

A leitura deste texto produz uma revelação na qual amigos e amantes, a experiência da comunidade, as ligações familiares de circunstâncias, interesses e preocupações compartilhadas, e o papel daqueles que encarnam irmãos e irmãs para nós, assumem uma proeminência legítima em nossa paisagem psíquica. A individuação fica ligada não apenas à tarefa de separar-se das influências parentais e suas extensões coletivizadas, mas a discernir diferenças individuais naquilo que é familiar e a um sentido do outro enraizado na igualdade. Entre irmãos e companheiros de todo tipo, somos levados a uma forma de conhecimento e de relacionamento por meio de distinções sutis – "diferenciar semelhanças" (cf. p. 10) – que permite um sentido simultâneo de igualdade e particularidade. Isso abre um fluxo de consciência no qual nuança, complexidade e radical aceitação da diferença podem ter lugar – uma capacidade no coração da força do caráter e de um bem-estar dominante. Quando Barcellos declara que o mundo do cultivo da alma é um mundo horizontal, não ascendente, não transcendente, ele está lembrando ao psicólogo em todos nós que os eventos e as coisas, e particularmente o encontro com o outro, supera o meramente interior ou o puramente espiritual quando o que está em jogo é a geração da alma.

Gustavo Barcellos é um psicoterapeuta conhecido no Brasil, onde ele conduz seminários, escreve sobre psicologia arquetípica e traduziu um grande número de títulos de Hillman para o português. Ainda que possamos esperar uma certa profundidade vertical de pensamento de um junguiano tão experiente, o tipo de visão horizontal profunda e de acuidade relacional articulada nestas páginas é bastante incomum. No entanto, não só ela está aqui presente como uma base sólida para essas reflexões psicológicas, como é algo inteiramente evidente na abordagem do autor àqueles que dele se aproximam. Como muitos dos que com ele trabalharam ou estudaram poderão atestar, sua capacidade para o tipo de camaradagem, amizade e ligações fraternas articuladas nestas páginas criou uma comunidade genuína para explorações arquetípicas. De todas as coisas a se reconhecer no limiar deste trabalho, a congruência entre seus temas e a personalidade do autor é a mais aparente. Gustavo Barcellos não é apenas um colega engajado e um *scholar* generoso, é também um anfitrião caloroso e um amigo fiel. Na medida em que você entrar na perspectiva que se segue, espero que possa imaginá-lo sentado com você, compartilhando suas reflexões de mestre exatamente sobre esta arte do companheirismo e do diálogo, de onde emana muito do processo de cultivo da alma.

Glen Slater
Pacifica Graduate Institute
Santa Barbara, 2016

1 Irmãos e irmãs

> *Nós somos aquele par de dióscuros,*
> *um dos quais é mortal e o outro*
> *imortal, que, sempre estando*
> *juntos, nunca podem se tornar*
> *completamente um.*
>
> JUNG, C.G. Os arquétipos e o
> inconsciente coletivo. *CW* 9, I, § 235.

1.1 Função fraternal

Como "função fraternal" não só evoco meu tema, invoco nossa imaginação, convoco nossa alma, mas, já de início, provoco sugerindo que o semelhante, o "irmão", tem um impacto estruturante/desestruturante, ou, ainda, *necessário* na constituição da individualidade – ou naquilo que os junguianos chamam mais amplamente de individuação. Se assim for, então a imagem psíquica ou o símbolo do "irmão" *funciona*, e funciona de uma determinada maneira, com um fim determinado pela alma. Aqui, sigo o sentido que deu C.G. Jung ao termo *função* como um processo no tempo que age, opera, realiza[1]. Como função, entretanto, entendo também algo que

---

1. "O termo é utilizado no significado de operação ou atividade, que é o mais recorrente tanto na linguagem científica como na comum. [...] Por intermédio dessas expressões [funções] sempre se indicam atividades psíquicas de tipo dinâmico e passíveis de educação" (PIERI, P.F. *Dicionário Junguiano*. São Paulo: Paulus, 2002, p. 213).

opera lastreado por uma instância suprapessoal, de caráter coletivo, ou seja, por uma *arché*, um princípio primeiro – melhor dizendo, por uma realidade arquetípica ou um arquétipo, a saber, a *fratria*.

O declínio ou o enfraquecimento da imagem arquetípica do pai no imaginário das sociedades contemporâneas, o pai ausente da cultura enfrenta, na psicologia, a enorme e pervasiva presença do arquétipo da mãe em suas teorias e práticas. Nossa psicologia arquetípica tem mostrado isso em sua reflexão sobre a própria psicologia. "Quando o pai é ausente, caímos mais prontamente nos braços da mãe", já observou James Hillman no *Livro do* puer[2]. A mãe está por toda parte. As primeiras formulações da teoria junguiana têm a ver com imaginar o desenvolvimento da personalidade através das lentes da grande metáfora da batalha do herói contra a sedução do dragão da matéria – onde matéria, mãe e inconsciente se equivalem. Mais tarde, a alquimia perturbou e redesenhou esse quadro para Jung. Mas a ela, à mãe, ainda hoje pertencem as noções de cura, desenvolvimento, evolução e crescimento, adaptação, inconsciente. Sucumbir a ela, como *puer*, ou vencê-la, como herói, são alternativas da alma em desamparo – e facetas individuais, em nossa cultura, da relação matéria/espírito.

Ao eleger o arquétipo fraterno como tema, indico a necessidade de escapar do maternalismo e do paternalismo, já por demais presentes e explorados em nosso imaginário psicológico. Quero chamar a atenção para a diversidade das

---

2. HILLMAN, J. *O livro do* puer – Ensaios sobre o arquétipo do *puer aeternus*. São Paulo: Paulus, 1999, p. 75 [ed. e trad. de Gustavo Barcellos].

relações de horizontalidade – cujo primeiro paradigma subjetivo se constitui no irmão/irmã – e sua função na individuação. Isso sugere uma reflexão onde a perspectiva familiar hierárquica ou vertical da relação pais-filhos aos poucos dá lugar a uma perspectiva mais equalizada entre irmãos-irmãs. Significa também imaginar a clínica psicológica como um trabalho que consiga constelar as transferências horizontais da fraternidade. Isso também significará sofisticar as noções da "semelhança na diferença" nos laços sociais e políticos. Penso que aqui a psicologia também tem que acompanhar o movimento que se detecta em outras artes e ciências: a atual busca do paradigma da fraternidade. A psicanálise – e seu trio paterno Freud, Jung e Adler – abriu o século psicológico passado com o foco nas relações parentais hierárquicas. Esse modelo começa a ser criticado e revisto. A transição para o novo milênio abre o século XXI trazendo como tarefa o foco nas relações horizontais simétricas.

O papel fundamental do arquétipo fraterno na estruturação e no estabelecimento da vida adulta individual é inegável, ainda que desprezado. Irmão e irmã são figuras poderosas em nossas vidas na constituição de nossos padrões de relacionamento maduro. A cura das eternas feridas dessas relações é uma tarefa para a vida toda, já que, potencialmente, essas são relações que nos acompanham por toda a vida. No entanto, é nítido que a psicologia profunda tem negligenciado uma observação mais detalhada e uma reflexão teórica mais apurada sobre esse tema, tendo voltado seu olhar com maior intensidade e interesse para as relações com o pai e com a mãe. Em nosso campo, o completíssimo *Dicionário Junguiano*, por exemplo, editado por

Paolo Francesco Pieri (assim como os principais dicionários, léxicos e obras de referência de psicologia junguiana[3]), não contém o verbete "irmão/irmã". Isso faz parte da sombra onde essas relações se encontram na psicologia.

O irmão, contudo, como uma imagem primordial na alma, está presente na evolução psicológica de cada indivíduo, e sua influência, queiramos ou não, projeta-se inevitavelmente na história e na construção de nossas ligações com amigos, companheiros, parceiros, sócios e colegas. Assim, ainda que pensemos no filho único, essa imagem estará sempre, de alguma forma, ativa e presente.

Há vários tipos de irmandade. O *irmão/irmã* é aquele que, na primeira e mais básica acepção do termo, é filho do mesmo pai e da mesma mãe. Mas há também, em relação a outros filhos, o *irmão consanguíneo*, como é chamado aquele que é filho só do mesmo pai; e o chamado *irmão uterino*, o filho só da mesma mãe. Há os *irmãos gêmeos*: duplos, trios, sexos iguais ou diferentes, univitelinos ou bivitelinos, fisicamente idênticos ou nem parecidos. Há os *irmãos colaços*, aqueles que foram amamentados por uma mesma mulher, embora filhos biológicos de mães diferentes; são também chamados de *irmãos de leite*. Há ainda os *irmãos de criação*, pessoas que foram criadas juntas sem serem irmãos biológicos. O *irmão adotado*, seja numa composição mista onde os pais já possuam um ou mais filhos biológicos, os *irmãos verdadeiros*,

---

3. À exceção de SHARP, D. *Léxico junguiano* (1991), que contém um pequeno verbete, "irmãos hostis": "Motivo arquetípico associado aos opostos constelados numa situação de conflito. Exemplos do motivo dos irmãos hostis na mitologia são a luta entre Gilgamesh e Enkidu no *Épico de Gilgamesh*, e a história bíblica de Caim e Abel. Psicologicamente, o motivo é, em geral, interpretado em termos do braço de ferro entre o ego e a sombra" (p. 102).

seja numa constelação exclusiva de filhos todos adotados. E também os *irmãos de armas*, companheiros de guerra; e os *irmãos siameses*, indivíduos fisicamente inseparáveis[4]. E, com relação a famílias reconstituídas, mencionamos o *falso irmão*, que é o filho que vem junto com o novo cônjuge, e o *meio-irmão*, o filho do novo casal.

Tantos arranjos. A imagem arquetípica do irmão na psique, o *irmão ou irmã de alma*, reúne todas essas modalidades e as torna metáforas de possíveis futuros formatos para nossas relações com os outros e com o mundo. Modelos de horizontalidade.

A radicalização da ideia de *fratria* mexe de forma contundente na nossa prática clínica, especialmente no que toca às questões transferenciais; mas mexe e remexe também em nosso amor pelo mundo. É cada vez mais nítida a presença do arquétipo fraterno – sua necessidade e sua atuação – igualmente no campo social, onde as ações institucionalizadas do Estado (especialmente na América Latina) dão crescentemente lugar às ações cada vez mais importantes das diversas solidariedades; por exemplo, na proliferação e no trabalho das ONGs nos mais

---

4. O termo "irmãos siameses" é uma referência ao par de irmãos mais famoso na história moderna, Chang e Eng Bunker, nascidos no Sião (hoje Tailândia) em 1811. Embora compartilhassem o mesmo fígado, viveram vidas independentes o quanto puderam. Em seu tempo, era impossível separá-los. Foram por muito tempo exibidos como uma curiosidade em turnês mundiais. Acabaram por viver em Wilkesboro, Carolina do Norte (EUA) e se casaram com mulheres locais, as irmãs Adelaide e Sarah Yates. Com o passar do tempo, as mulheres começaram a se desgostar, e então dividiram os casais em casas separadas. Passavam metade do tempo na casa de cada uma das mulheres. Tiveram vinte e um filhos. Dizem que tinham personalidades diferentes, sendo Eng doce e calmo, e Chang, mais temperamental, com o hábito de beber frequentemente. No final de suas vidas, brigavam muito. Chang morreu em 17 de janeiro de 1874, enquanto os irmãos dormiam. Eng despertou em choque e morreu aproximadamente três horas depois. Tinham 63 anos de idade.

variados planos da vida pública e da experiência humana comum. Também a psicologia, e sua prática, caminha, ainda que pouco se perceba, para um novo paradigma. A resistência a esse caminho marca uma prática fadada a esgotar-se, como vai-se esgotando o primeiro século patriarcal da psicanálise. Esse novo paradigma, acredito, tem a ver com o arquétipo fraterno.

Porém, os anos de estudo dedicados a compreender os temas que mais me instigam na psicologia junguiana, permitindo acrescentar a ela o aprofundamento que traz a perspectiva da psicologia arquetípica, fizeram-me sensível para a grande lacuna, a ausência quase total de imagens, na literatura e na discussão prática, do aparato teórico que poderia fazer com que se reconhecesse e se entendesse, em toda sua realidade, a importância e o impacto das relações horizontais fraternas não hierarquizadas no trabalho diário da psique, quer seja no plano individual, quer seja no coletivo. Uma contundente afirmação, no entanto, de James Hillman em *O mito da análise*, de 1972, em nota de rodapé, apontava nessa direção, e hoje motiva este trabalho:

> Onde o interesse pela alma for soberano, um relacionamento assume mais a natureza do par irmão-irmã. Compare a *soror* na alquimia, e as denominações de "irmão" e "irmã" nas sociedades religiosas. [...] As implicações do problema familiar para a psicoterapia são óbvias: se o objetivo é fazer alma, então a igualdade da relação irmão-irmã deve ser soberana, caso contrário eros e psique não podem constelar. Paternalismo e maternalismo tornam-se clinicamente doentios se o alvo é fazer alma[5].

---

5. HILLMAN, J. *The myth of analysis*. Nova York: Harper & Row, 1978, p. 58, nota 56 [*O mito da análise*. Rio de Janeiro: Paz e Terra, 1984 [trad. de Norma Telles]].

Essas afirmações foram muito impactantes para mim desde que li pela primeira vez esta nota em 1984. O que mais me impressionou naquela ocasião, e ainda me impressiona hoje, é que uma tal compreensão tão profunda e relevante de um novo, ainda que despercebido, paradigma – e não somente para a psicologia, mas também para a cultura – essa fantasia aquariana de horizontalidade, de simetria e da importância das conexões não hierarquizadas, era apresentada numa nota de rodapé, ou seja, numa posição de alguma forma marginal, nas bordas da reflexão, não no texto principal. A repressão da horizontalidade também estava à mostra ali. Eu queria compreender essa repressão.

A riqueza de imagens, no entanto, existe e está lá, nos mitos, nos contos de fada, nas histórias, na literatura, na clínica, nas histórias de caso. Tenho, contudo, apenas algumas perguntas, especulações incompletas, um livre-pensar e um livre-perguntar, que passo então a formular.

* * *

Em primeiro lugar, a primeira pergunta, talvez a mais crucial: Qual o verdadeiro impacto da função fraternal na individuação, constelada pela aparição simbólica do irmão – esteja esse irmão determinado literalmente por um laço de sangue ou não? Como esse irmão de alma – que é mais do que simplesmente o Outro, um estranho, a sombra, o outro--sombreado – pode determinar, influenciar ou desenhar a maturação de minha individualidade e de minha ação no mundo?

Quero pensar que o irmão, como o Outro significativo, define, em níveis mais avançados do que aqueles do influxo de pai e mãe, meu estar no mundo, meu amor pelo mundo.

Como, então, fazer-se sensível para estes níveis no trabalho *da* alma e no trabalho *com* a alma? Como diferenciar um arquétipo como esse, o da *fratria*, em seus aspectos formadores e de-formadores, a ponto de podermos compreender o indivíduo a partir dele – de *sua* chave no corpo psíquico e no corpo político – sem novamente cair nos braços da mãe e nas preocupações regressivas com as origens das coisas?

Um interesse pelo irmão/irmã ajuda, em primeiro lugar, a relativizar e redimensionar a importância e a tremenda absorção, consciente ou inconsciente, que tem a figura da mãe em nossas vidas. Escapar da mãe sinaliza um novo paradigma para o processo de autoconhecimento e de autorrealização que não passa mais pela compreensão redutiva que vê nas origens as causas mais fortes e eficientes, e ainda a explicação mais completa e cabível para todas as coisas. O interesse pelas relações fraternas também nos ajuda, em segundo lugar, a escapar do pai e dos perigos que a sombra da numinosidade dessa figura constela: permanecer filho, dependente, enroscado nas questões da autoridade e da submissão.

A partir de uma perspectiva arquetípica, o impacto do irmão também vai além, por um lado, daquilo que já se formulou em psicologia analítica como "projeção da sombra", projeção da vida não vivida: temas de conflito, oposição ou complementaridade, que muitas vezes explicam a discórdia fraternal que está na origem mitológica de tantas civilizações – rivalidade fraterna também como um tema arquetípico, enfatizado por Freud e por Jung. Jung tantas vezes se referiu à sombra como o "irmão interior". Então poderíamos nos livrar de experimentar o arquétipo fraterno apenas pelas lentes da sombra.

E vai além, ainda por outro lado, da intercambialidade psicodinâmica contrassexual de *anima* e *animus* projetados, especialmente no par irmão-irmã, onde a irmã é uma imagem potente para o homem adulto, reconectando-o com seu mundo interno de sentimentos de uma forma menos ameaçadora do que a *imago* da mãe[6]. Assim, para mim, o interesse no arqueiro fraterno pode também nos libertar de uma psicologia ainda dominada pela imaginação contrassexual.

Vai além, continuo, e se traduz, esse "impacto do irmão", mais profunda e precisamente na experiência de assimilação e apreciação reais da *diversidade*. A primeira e fundadora experiência da diversidade, da semelhança na diferença, instaurada pela entrada em cena do irmão (novamente, seja através de um laço de sangue, seja através de um laço de amizade), será importante exatamente na medida em que permite relativizar a identificação monoteísta com o modelo da autoridade patriarcal, lançando-nos no campo politeísta das relações horizontais que permite nossa livre-circulação entre singularidades éticas válidas, singularidades que fundam a própria ideia junguiana de individuação – a saber, *diferenciação*[7].

Esse Outro-irmão de que estou falando – o semelhante que não é igual, mas é um par (e serão, mais tarde, os pares, os muitos Outros) – é um outro que, precisamente, divide comigo a mesma origem. Aquelas pessoas, ou *aquilo* (como princípios fundadores), que paternalizam e maternalizam esse outro são os mesmos que paternalizam e maternalizam a mim. E, no

---

[6]. "A mãe é superior ao filho, mas a irmã é seu igual" (JUNG, C.G. *Psicologia e alquimia*) [READ, H.; FORDHAM, M.; ADLER, G. & McGUIRE, W. (eds.). *The Collected Works of C.G. Jung*. 20 vols. Princeton, NJ: Princeton University Press, 1953-1979 [Bollingen Series] [trad. de R.F.C. Hull]. Referidos daqui em diante pela abreviatura *CW*, seguida do número do volume e do parágrafo: *CW* 12, § 92.

[7]. "A individuação é, portanto, um processo de *diferenciação*" (JUNG. *CW* 6, § 757).

entanto, ele é diferente. Não seria essa, para a alma, uma iniciação à diversidade em sua forma mais evidente e próxima? Essa iniciação desdobra-se, acredito, nos compromissos entre os pares, o acordo entre os irmãos, o pacto civilizatório; ou seja, naquilo a que chamamos *ética*.

Como arquétipo, naturalmente a *fratria* está além da experiência literal com irmãos e irmãs. E, tanto na presença quanto na ausência destes (caso do filho único), a *fratria*, o irmão de alma, assim como os arquétipos de pai e mãe, tende a desdobrar-se tonalizando outros relacionamentos em nossa vida adulta. A *fratria*, arquetipicamente falando, também é a matriz da *philia* como sentimento – exatamente o que nos permite entender os laços de amizade eletiva como laços fraternos, laços que, em última instância, se inscrevem dentro da lógica desse arquétipo. Assim, o arquétipo da *fratria* parece ser um campo amplo de atualizações de experiências afetivas, onde entram os amigos mais íntimos, os quais, tantas vezes, chamamos de "irmãos".

No entanto, o relacionamento com o irmão de sangue traz a particularidade e o sentimento de algo que está dado com o destino, que está destinado. Ele é permanente e não é, a princípio, um vínculo de dependência, como em relação a pai e mãe; e não é escolhido, não é de eleição, como são as melhores amizades. O relacionamento com o irmão constrói a fundação emocional para outros relacionamentos horizontais de intimidade que estabelecemos na vida adulta, o que traz para a individuação muitas vezes a dura tarefa de reconstituir ou reelaborar as relações com nossos irmãos e irmãs. Neste nível, é com eles que aprendemos a nos relacionar.

Quando interrogado, contudo, o laço com os irmãos quase sempre apresenta-se problemático, ou negligenciado. Essa situação – muitas vezes de distanciamento, silêncio, de afastamento voluntário, ódio e rancor, e até mesmo o limite da ruptura – tantas vezes verificável na clínica psicoterápica é intrigante e aponta para uma ferida muito profunda, muito inconsciente. Tentarei refletir sobre essa ferida no próximo capítulo. Em nenhum outro relacionamento os paradoxos emocionais de intimidade e distância, longe e perto, igual e diferente estão, como categorias, tão ardentes, tão aparentes, tão imediatos.

Os irmãos guardam nossa memória, são testemunhas de nossas vidas, tantas vezes presentes em nosso nascimento e em nossa morte – uma relação, talvez a única, potencialmente da vida toda. Com eles dividimos nossos anos de formação. Em outras palavras, os irmãos são *familiares*, e isto talvez seja o mais importante. Eles estão na base daquilo que torna possível para nós tornarmo-nos *familiares* de algo, de alguém, ou de alguma coisa: *familiarizar-se* como um processo no qual tornamo-nos íntimos, conhecidos e conhecedores, relacionados.

* * *

Em segundo lugar, penso que devemos um esforço no sentido de libertar nossas noções de fraternidade primeiramente de sua raiz mais recente no ideário da Revolução Francesa, onde a tríade liberdade-igualdade-fraternidade foi elaborada como a primeira expressão, no mundo moderno da cultura, do anseio pelo ultrapassamento do pai como paradigma das relações e da autoridade: o regicídio, a recusa da *imago* paterna, a orfandade revolucionária que ruma arquetipicamente aos irmãos como *tarefa*. Essa tríade conceitual moderna é a versão secular da trindade cristã. Embora não seja uma categoria legal, a fraternidade torna-se o princípio que deveria reger as relações civis entre os povos. E a fraternidade não é independente da liberdade e da igualdade, pois as três se informam mutuamente. A concepção de igualdade da Revolução Francesa opõe-se à hierarquia e à tirania; sua ideia de liberdade permite o estabelecimento de subjetividades diversas e a própria ideia de indivíduo.

Se examinamos um resumo simples, verbete de enciclopédia, sobre a Revolução Francesa, podemos observar que isso tudo está lá:

> Revolução Francesa (1789). Uma crise complexa, que afetou profundamente todos os aspectos do governo e da sociedade, e portanto considerada um ponto de mutação na história francesa... com medidas políticas, sociais e econômicas muito abrangentes (1789-1791). Essas medidas incluíram a abolição de privilégios feudais, aristocráticos e clericais, a Declaração dos Direitos do Homem, o estabelecimento de um governo constitucional, o confisco de propriedades da Igreja, e a reorganização das relações Igreja-Estado com a Constituição Civil do Clero (1790). Assim, o *Ancien Régime* foi efetivamente desmantelado em nome da liberdade, da igualdade e da fraternidade...[8]

A Revolução culminou num documento fundamental, aprovado pela Assembleia Nacional Constituinte Francesa em agosto de 1789, a "Declaração dos Direitos do Homem e do Cidadão" (*Déclaration dês Droits de l'Homme e du Citoyen*). A Declaração definia um conjunto de direitos coletivos e indi-

---

8. CRYSTAL, D. (ed.). The *Cambridge Encyclopedia of the English Language*. Cambridge: Cambridge University Press, 1995.

viduais para o homem, insistindo na *liberdade* e na *igualdade* – direitos sociais e políticos tidos como universais e válidos em todos os lugares e em todos os tempos, como afirmado no primeiro artigo da Declaração: "Os homens nascem e são livres e iguais em direitos. As distinções sociais só podem fundamentar-se na utilidade comum". Essa Declaração foi também a grande inspiração para a importante "Declaração Universal dos Direitos Humanos", adotada pela Organização das Nações Unidas em 10 de dezembro de 1948. Consiste de trinta artigos que foram subsequentemente elaborados em tratados internacionais. Está profundamente influenciada pelo arquétipo fraterno, como (novamente) deixa claro seu primeiro artigo: "Todos os seres humanos nascem livres e iguais em dignidade e direitos. São dotados de razão e consciência, e devem agir em relação uns aos outros com espírito de fraternidade".

Mas, por outro lado, também devemos libertar a noção de fraternidade da tradição cristã, mais antiga no tempo, mais funda na alma. O cristianismo notoriamente absorveu a ideia de fraternidade levando-a para um ambiente monoteísta, ligando-a, como sabemos, principalmente à noção de caridade. Não é disso que estamos querendo falar. A *fratria*, como qualquer arquétipo, está naturalmente sujeita a absorções e atualizações ideológicas históricas. Mas aqui precisamos, mais do que tudo, enxergar através: a *fratria* como arquétipo é uma possibilidade e um *estado da alma*; novamente, uma *função* na alma que, se encarada psicologicamente, será complexa pela própria natureza, lançando-nos aos desafios plurais da comunidade democrática e da convivência horizontal, seja num plano externo (diríamos, político), seja num interno (diríamos, individual). Podemos, então, encarar a noção cristã de fraternidade como um exercício na *arché* da *fratria*.

De acordo com o Apóstolo Pedro, a fraternidade é o tipo de união que deveria caracterizar as relações entre verdadeiros cristãos: "Honrai a todos. Amai a fraternidade. Temei a Deus. Honrai o rei" (1Pd 2,17). O cristianismo traz para o centro a ideia de fraternidade: todos os homens e mulheres são irmãos e devem tratar-se dessa forma. A concepção cristã de fraternidade significa amar o Outro; para o cristianismo, Jesus veio para tornar a fraternidade possível, para nos fazer a todos de irmãos: "Vós, porém, não queirais ser chamados Rabi, porque um só é o vosso Mestre, a saber, o Cristo, e todos vós sois irmãos" (Mt 23,8). A verdadeira relação entre os homens é a de irmãos.

A palavra "irmão" aparece 347 vezes no Novo Testamento. Ela define a comunidade universal dos homens, e ninguém está excluído: "Pois todos nós fomos batizados em um Espírito formando um corpo, quer judeus, quer gregos, quer servos, quer livres, e todos temos bebido de um Espírito" (1Cor 12,13); "Porque os que dantes conheceu também os predestinou para serem conformes à imagem de seu Filho, a fim de que Ele seja o primogênito entre muitos irmãos" (Rm 8,29).

Embora a palavra – fraternidade – possa ser muitas vezes erroneamente tomada por caridade ou solidariedade, em seu sentido cristão estrito ela se refere a um sentimento profundo que, de fato, deve ser chamado de *ágape* (amor mútuo): um tipo de amor que leva a humanidade a um sentido de comunidade espiritual fundada no amor ao próximo, uma comunidade de iguais, ou de irmãos/irmãs. Para os cristãos, a amizade (*philia*) não é suficiente: precisamos de amor fraterno (*fratria*).

Mas a concepção cristã de fraternidade e de amor fraterno está inteiramente construída em relação ao Pai, um

Pai comum que, com sua presença e seu amor, estabelece a irmandade entre seus filhos. É seu amor que nos faz todos irmãos e irmãs. Nesse ambiente, uma fraternidade verdadeira e autêntica supõe e requer paternidade; está profundamente atada ao Pai.

Desse modo, aquilo que precisamos agora é uma concepção de fraternidade, na qual irmãos/irmãs continuam sendo irmãos/irmãs, sem a necessidade da referência hierárquica assimétrica a um pai que lhe dá a base e o sentido. Sugiro que agora precisamos constituir um *sentido psicológico* para esta palavra, fraternidade, pensando-a através de seu viés arquetípico, onde fraternidade aponta, nos seus limites de luz e sombra, tanto para a aceitação radical da diferença quanto para a compreensão da necessidade do rechaço paranoico do Outro.

* * *

Em terceiro lugar, a importante questão da autoridade. Como pensá-la, ou repensá-la, num panorama entre irmãos? Que autoridade é esta que poderia ser exercida sem um investimento na figura do pai? É possível experimentar autoridade *sem* o investimento arquetípico da figura do pai? Que autoridade então é esta? Teria ela mais a ver com autoria e, portanto, com um *autorizar-se*?

Bem, aqui teríamos um autorizar-se que não significa mais a introjeção do pai, que não seria mais imaginado dessa forma, como na formulação junguiana clássica: ativação interna do pai arquetípico, atualizado, naturalmente, no pai histórico, no complexo paterno, nas complexidades do paterno, da autoridade complexa – amplexo paternal. Mas, ao invés, estaríamos *autorizados a nos autorizar*.

Para a individualidade moderna, isso significaria o resgate do pai, agora como *dis-função*, algo que não funciona mais de acordo com as necessidades da alma, ou àquilo a que os freudianos se referem como o assassinato do pai da horda primeva, para a constituição de uma ordem entre irmãos[9].

Devemos ter em mente, por outro lado, que nas origens da psicologia profunda está Freud – pai da psicanálise – escolhendo Édipo (ou seria Édipo escolhendo Freud?) como o paradigma supremo da subjetividade, a chave da alma, o código do ser. E que, ao escolhê-lo, Freud enfatizou miticamente o patricídio, o patricídio mítico, e com ele a família hierárquica, ou a hierarquia da família, família *como* hierarquia, e a paternidade. Com Freud embarcamos incestuosamente no romance familiar para a compreensão da alma humana, prendendo-a assim a uma psicodramática das origens – o que, em si, não deixa de ser um movimento mitológico, ou mitologizante.

E mesmo que James Hillman, num ensaio da maior importância, "Édipo revisitado"[10], de 1987, alerte-nos para o que de fato está em jogo, em cena, no Édipo – ou seja, *infanticídio*, e não patricídio, pois aquele desejo de matar o filho vem *antes* e determina toda a ação trágica – ele está, parece-nos, apenas revertendo os vetores: continuamos tragicamente envolvidos na maldição do circo/teatro vertical familiar para o deciframento da profundidade psíquica. Não há lugar para os irmãos.

O pouco que foi observado e pensado por Freud e Jung a respeito das relações fraternas o foi a partir da referência a um modelo de família que, se já em vários lugares não existe

---

9. FREUD, S. *Totem e tabu*, 1913.

10. HILLMAN, J. "Oedipus Revisited". In: *Mythic Figures, Uniform Edition of the Writings of James Hillman*. Vol. 6. Putnam, CT: Spring Publications, 2007.

mais quase que por completo – salvo exceções –, ao menos vê juntar-se a ele, aos poucos, cada vez mais outros formatos, desenhos e projetos de relações familiares e de arranjos parentais, outros jeitos de fazer e de experimentar esse núcleo chamado *família*. Pais separados, com outros filhos em outras casas, casados novamente com outros parceiros, muitas vezes com outros filhos de outras uniões desses novos parceiros (frequentemente com idades bastante diferentes) fazendo as vezes de meio-irmãos – aquilo a que chamamos de família reconstituída; filhos adotados (tantas vezes também em meio a irmãos não adotados); filhos únicos de uma união sendo criados por avôs, tios ou substitutos educadores desses, longe da casa dos pais; a família *gay* masculina (inclusive com a criação de filhos, adotados ou biológicos, por casais homossexuais); a família lésbica (muitas vezes com filhos de pais ambos *gays*); a família de pais ou mães solteiros; ou ainda a complexa situação de um filho ou filha que se vê na situação de substituir ou ajudar um pai ou uma mãe ausentes (ou sobrecarregados de tarefas numa família numerosa), passando assim a um papel mais parental do que fraternal na constelação familiar[11], e tantos outros exemplos que poderíamos elencar ou mesmo imaginar e prever – tudo isso certamente tem um impacto psicológico significativo na constelação de sombra e luz, amor e ódio, cooperação e distanciamento nas relações fraternas.

Essas observações que agora teço nos remetem aos significados mais profundos de *família* e de *familiar*. O jogo de palavras nesse caso é intenso, e naturalmente revela sentidos mais complexos. É importante não esquecer que esta unidade

---

11. Cf. a excelente amplificação que faz desse tema Mariette Mignet: "La grande soeur". In: *Cahiers Jungiens de Psychanalyse*: Frères et soeurs, n. 101, 2001, p. 7-20. Paris.

arquetípica a que nós modernos ocidentais chamamos *família* deriva-se de uma ideia latina, quando significava principalmente a casa e tudo o que pertencia a ela, ou que estivesse nela, como seus bens móveis e imóveis, sua mobília e seus pertences, seus habitantes e seus hóspedes, seus animais e suas coisas, assim como sua herança e sua ancestralidade, uma ideia ligada originalmente à própria terra ou ao lugar onde se está fixado. Uma estrutura que tem sua base arquetípica na ideia de acolhimento. Pertencer a uma família, ou mesmo quando algo ou alguém se torna familiar, ecoa esse sentido imaginativamente mais profundo e mais amplo: tornar-se familiar, ou seja, conhecido e íntimo, inclui o mundo.

Aqui penso que é o irmão, talvez de forma ainda mais intensa do que qualquer outra figura, quem determina o desenvolvimento de nossa capacidade psicológica de *familiaridade* e *simetria*, ou seja, a capacidade de podermos nos aproximar das coisas e das experiências de modo familiar, de torná-las eventualmente íntimas. Isso só se dá quando aprendemos o valor intrínseco das relações de simetria, ou quando estas não estão mergulhadas na sombra da inconsciência.

Na família os pais são, de alguma forma, responsáveis, além do mais, por oferecer ou furtar dos filhos a experiência das relações simétricas da irmandade, pois é primeiro com eles que a base e a possibilidade real do afloramento dessas relações podem se apresentar. Os pais podem, por exemplo, ser muito absorventes num ambiente familiar e ensinar apenas padrões hierarquizados de relações. Isto já pode estar presente no casal, é claro, mas também se reforça na variedade de conluios e alianças que cada pai pode fazer, mais ou menos inconscientemente, com um de seus filhos. Essas identificações e alianças não libertam; ao contrário, aprisionam sombriamente o sentido e a experiência da simetria.

A mesma passagem importante do livro de James Hillman, *O mito da análise*, de 1972, à qual já me referi anteriormente, faz-nos entrever essas questões da família e da fraternidade de modo bem penetrante. Vale a pena conferir a passagem toda (ou quase), que aparece, como também já mencionei, em nota de rodapé (observe-se novamente que é significativo que essas questões sejam mantidas à margem, levadas ao pé da página, a uma condição periférica, marginal, mesmo na obra de quem, creio, em nosso campo melhor as intuiu):

> Para alarme dos moralistas e dos sociólogos, o modelo de família do século XIX está se desintegrando. Quando esse problema da família é concebido apenas através do mito de Édipo, não apenas está ultrapassado, mas o problema da família torna-se insolúvel e a vida familiar insuportável, necessitando do mito do herói cuja viagem rumo à consciência leva-o para longe de casa. Mas não podemos mais voltar para casa, nem mesmo como pródigos arrependidos. Nem podemos, nós modernos, cuja consciência é caracterizada pelo desenraizamento, exílio e um preconceito "antifamília", tentar restaurar um modelo de família do século XIX ao repeti-lo em nossas próprias vidas. A reconstituição da família não pode estar baseada nem na antiga metáfora de pai e filhos, nem na nova, a da família democrática "funcional". Para recriarmos a família em nossa geração, eros e psique precisam ter a possibilidade de se encontrar no lar; isso favoreceria o cultivo da alma e daria uma perspectiva completamente diferente às relações familiares. Essa perspectiva não se apoia nas conexões hierárquicas de pai-filho e nas questões da primeira infância, da autoridade e da

rebeldia, mas na conexão da alma, como entre irmão e irmã. Mãe-filho (Édipo) e pai-filha (Eletra) expõem apenas metade da conjunção dual; onde o interesse pela alma for soberano, um relacionamento assume mais a natureza do par irmão-irmã. Compare com a *soror* na alquimia e com as designações de "irmão" e "irmã" nas sociedades religiosas. Compare também as inter-relações simbólicas no *I Ching*, onde seis dos oito hexagramas são "filhos" e "filhas", os quais, um em relação ao outro, são irmãos e irmãs. A libido de parentesco que, como mostrou Jung, está por trás do fenômeno do incesto, no modelo irmão-irmã fluiria para a mutualidade do cultivo da alma, mais do que regrediria em direção aos pais. Como disse J.E. Harrison (*Prolegomena to the Study of Greek Religion* [Cambridge, Inglaterra, 1922], p. 655), Eros também é dança, e a dança não é um fenômeno hierárquico. Ela se dá entre parceiros. As implicações do problema familiar para a psicoterapia são óbvias: se o objetivo é fazer alma, então a igualdade da relação irmão-irmã deve ser soberana, caso contrário eros e psique não podem constelar. Paternalismo e maternalismo tornam-se clinicamente doentios, se o alvo é cultivo da alma[12].

Para uma nota de rodapé, convenhamos, é enorme – e nem a reproduzi por inteiro; é quase um "ensaio paralelo" no livro. Mas basta para o que nos interessa aqui. Sim, as "implicações" são óbvias: aqui, as relações simétricas são, em última instância, indicadas como as mais propícias ao cultivo da alma propriamente dito, ao trabalho de fazer alma, entendido dessa

---

12. HILLMAN, J. *The myth of analysis*. Op. cit., p. 58, nota 56.

forma em seu paradigma mais avançado. Esse paradigma é a reunião de Eros e Psiquê, amor e alma, na vida psicológica, como já propôs a psicologia arquetípica, nos ensaios daquele mesmo livro de Hillman.

Quero pôr em relevo duas afirmações contidas nesta nota de rodapé que melhor traduzem o pensamento que estou buscando adentrar aqui: "onde o interesse pela alma for soberano, um relacionamento assume mais a natureza do par irmão-irmã"; e, "se o objetivo é fazer alma, então a igualdade da relação irmão-irmã deve ser soberana". Essas ideias sugerem que o interesse por alma, assim, depende intensamente de uma *relação de igualdade*, relação de simetria, no plano horizontal. São importantes afirmações que ampliam definitivamente nosso tema. É, pois, nas relações de irmandade, em sentido amplo e metafórico, que está o campo mais fértil e criativo para fazer avançar um sentido da alma em nossas vidas, uma preocupação e um cuidado com a alma, seus processos e suas feridas: por sua horizontalidade, por sua capacidade de constelar igualdade e diferença simultaneamente, por seus caminhos não hierarquizados, por suas dificuldades inerentes, decorrentes diretas de seu campo simétrico.

Embora possamos compreender as afirmações de Hillman como indicações claras da importância das relações horizontais em geral para o trabalho mais profundo com a alma, ele, contudo, refere-se explicitamente apenas ao par irmão-irmã, ou seja, o par de irmãos de sexo oposto. Sabemos que o par de irmãos do mesmo sexo contém, em acréscimo ao que Hillman já indicou, ainda outros aspectos específicos das relações fraternas, o que notavelmente pode nos ajudar a elaborar uma psicologia da irmandade e uma psicologia da sororidade – como a que podemos encontrar no livro de Christine Downing, *Psyche's Sisters*[13], onde ela, além do mais, argumenta que nossas ligações psicológicas mais profundas são encontradas nos relacionamentos com pessoas de nosso mesmo sexo.

Jung também já havia compreendido a imagem do incesto irmão-irmã na alquimia como uma das mais poderosas imagens da psique, como símbolo mais alto da união dos opostos, e, portanto, do caminho de individuação, relacionando-a à própria criação. Afirma também que, desde tempos mais remotos, esta imagem tem sido nada menos que o "protótipo da grande obra dos alquimistas" (*CW* 14, § 735). "O par irmão-irmã representa alegoricamente toda a concepção dos opostos" (*CW* 12, § 436), diz ainda em *Psicologia e alquimia*, e entende seu lugar central na obra. Todo alquimista reproduz no plano humano esse pano de fundo arquetípico, pois trabalha quase sempre com uma ajudante, chamada sua *soror mystica*, irmã de alma, companheira do artífice. Jung enumera pares célebres: Simon Magus e Helena, Zózimo e Theosebeia, Nicholas Flamel e Perenelle (esta, *Dame Perenelle*, Senhora Perene, a mais famosa e perfeita soror, esposa do grande alquimista francês Flamel, que o ajudou na confecção da pedra, por eles alcançada, diz-se, pelo menos duas vezes). É uma indicação clara do que há de mais propício para a obra do cultivo da alma, que se entrevê, conforme Jung, simbolicamente no par *Sol* e *Luna*. A importância da *soror mystica* fica também bastante aparente, por exemplo, nas pranchas do *Mutus Liber*, uma conhecida sucessão de gravuras alquímicas de 1677, quase todas com sua presença.

---

13. DOWNING, C. *Psyche's Sisters*: Re-Imagining the Meaning of Sisterhood. Nova Orleans: Spring Journal Books, 2007.

O alquimista trabalhando com sua *soror mystica*
(***Mutus Liber*, 1677**).

Uma imagem poderosa do par irmão-irmã pode também ser encontrada no casamento de Zeus e Hera como um padrão mítico na tradição grega. Esse casamento mitológico de irmão e irmã tem um caráter sagrado, é um verdadeiro *hieros gamos*, e, em seu sentido simbólico, dado o fato de serem irmãos, representa a profunda igualdade e o companheirismo que estão arquetipicamente dados em todo o casamento.

É o par irmão-irmã – portanto uma alusão clara à simetria – que aparece como imagem essencial no trabalho com a alma. Mas aqui, novamente, a simetria, percebida ou referida como essencial para o cultivo da alma (como em Jung e Hillman), é encontrada principalmente no par de sexo oposto. O casamento irmão-irmã apresenta uma imagem de intensa intimidade, não há dúvida, e enquanto tal aparece como uma imagem de totalidade, mas essa é essencialmente uma imagem de totalidade como união consigo mesmo, não com o Outro. Essa é a união do *ego* com a *anima*, da consciência com o inconsciente, como se estivéssemos ainda num ambiente vertical. É a união com nossa própria alma. Nesse estranho casal, o casamento real de irmão/rei e irmã/rainha, com toda sua carga erótica e imagens alquímicas bizarras, Jung enxergou um símbolo do *self*, ou seja, uma imagem para o encontro consigo mesmo. Precisamos nos mover para o próximo passo: "a importância dos relacionamentos de mesmo sexo como imagens para a totalidade psíquica"[14]. Jung escreve em *Mysterium Coniunctionis*:

> ...o simbolismo matrimonial obviamente nunca satisfez por completo os próprios filósofos alquímicos, já que eles constantemente sentiam-se obrigados a fazer uso de outros "símbolos de unificação", além de todas as variantes do *hierosgamos*... assim a *coniunctio* está representada pelo dragão abraçando a mulher no túmulo, ou dois animais lutando, ou pelo rei dissolvendo-se na água, e assim por diante[15].

A mutualidade do cultivo da alma pode também ser vivida e exprimida, com todas as suas características específicas, em imagens de união profunda de irmãos com irmãos e de irmãs com irmãs. Downing nota que "em muitas sociedades é reconhecido como óbvio que os laços humanos mais íntimos serão com outros do mesmo sexo"[16]. Essa mutualidade de mesmo sexo certamente aponta para uma compreensão ainda mais profunda do processo de cultivo da alma.

* * *

---

14. Ibid., p. 134.

15. JUNG, C.G. *Mysterium Coniunctionis*. CW 14, § 669.

16. DOWNING, C. *Psyche's Sisters*. Op. cit., p. 116.

Uma outra especulação livre pergunta se estariam os ocidentais mais arquetipicamente vocacionados para a fraternidade, para a aparição e o desenvolvimento das relações de fraternidade no cultivo da alma, também pelo que se percebe de sua lógica psíquica, assim como ela está refletida na lógica da escrita, uma vez que nas línguas ocidentais as frases são escritas horizontalmente? Escreve-se da esquerda para a direita, como faço agora – ao passo que nas línguas orientais (a chinesa e a japonesa, p. ex.) a escrita faz-se de cima para baixo. Há alguma relação misteriosa, inconsciente, entre essa horizontalidade, essa paixão pelos horizontes, essa vocação para o infinito da horizontalidade na busca da alma por profundidade e nosso aquariano tema, o arquétipo fraterno.

1.2 Fraternidade arquetípica

Fraternidade: fraternidades, confrarias, confraternizações, associações, sociedades, irmandades, clubes, clãs, parcerias, camaradagens, ligas, agrupamentos, agremiações, grêmios, comunidades, *thiasos*. Laços de sangue, pactos de sangue. Seitas, sectarismo. Rivalidade entre irmãos, briga de irmãos. No dicionário, fraternidade, substantivo feminino, tem os sentidos de 1) parentesco de irmãos, irmandade; 2) amor ao próximo, fraternização; 3) união ou convivência como de irmãos. Fraterno, ou fraternal, o adjetivo traz o sentido de afetuoso, ou seja, cheio de afetos. Fraterno: irmão, amigo, sócio, associado, "mano", camarada, correligionário, confrade, colega, *brother*, "chapa", semelhante.

Frade, do latim *frater*, irmão. Fradejar significa o murmurar dos amigos, como se diz que fazem os frades; mas também traz o sentido de intrigar, enredar, mexericar.

Fraternidade é um conceito filosófico polissêmico, que alcança desde a qualidade específica das relações entre irmãos, até a confraternização entre os povos, países e raças. Fraternidade indica um tipo particular de união entre as pessoas, uma categoria relacional (quando existe reciprocidade) e, no limite, aponta para a ideia mais ampla de comunidade – um grupo de pessoas que compartilha bens, valores e hábitos comuns.

Fratria, também no dicionário: na Grécia antiga, cada um dos grupos em que se subdividiam as tribos atenienses, ou seja, grupo de clãs que apresentam características similares. A similaridade constrói a diferença. Em um nível arquetípico somos lançados no *logos* das noções de semelhança e diferença. A noção de *fratria* devolve-nos para o nível arquetípico das relações de mutualidade horizontal: a fraternidade, o irmão de alma.

Há vários pares, de irmãos e de gêmeos, nas histórias míticas que nos chegam através de diversas tradições. Toda a riqueza de imagens está lá, nos mitos, nos contos de fada, nas histórias. Castor e Pólux, Helena e Clitemnestra, Anfião e Zeto, Remo e Rômulo, Gilgamesh e Enkidu, Caim e Abel, Esaú e Jacó, Hércules e Íficles, Apolo e Hermes, Apolo e Ártemis, Medeia e Absirto, Filomela e Procne, Gilgamesh e Enkidu, Exú e Ogun, Ísis e Osíris, Horus e Seth, Cosme e Damião, os Ibejis, Ifigênia e Eletra, Etéocles e Polinices, Antígona e Ismênia, Ariadne e Fedra, os grupos mitológicos gregos de irmãs (as Danaides, as Horas, as Fúrias, as Graças, as Górgonas, as Moiras), Cinderela, as irmãs de Psiquê, a constelação das Plêiades, a constelação e o signo de Gêmeos, a terceira casa zodiacal. Muito amplo nosso tema. Tantos padrões, tantas faces: da gemealidade cooperativa à rivalidade e o fratricídio. Quase todos os mitos de fundação na tradição indo-europeia envolvem histórias de irmãos. Pares de irmãos estão em muitas das histórias de fundação de cidades. Anfião e Zeto fundaram Tebas; Castor e Pólux, Troia; Remo e Rômulo, Roma; Caim, Enoc. Os irmãos – a irmandade funda a *polis*.

Devemos ter em mente, portanto, que o irmão é o espaço político por excelência – claro, quando este espaço não está na exceção autoritária. A irmandade é um ancoradouro para a noção de cidadão na Grécia clássica, por exemplo. Recordando, ali a participação na cidadania dava-se por três níveis sequenciais. O primeiro desses níveis, fundamental para todos os outros, era justamente a *phratia*, a "irmandade", que era a soma dos clãs, das famílias onde se nascia, também chamado *génos*, onde os laços de sangue determinavam o pertencimento. Somente após o reconhecimento pela *fratria*, o grego podia se inscrever num *demo*, uma tribo (a *phylé*), para então atingir o terceiro nível, que é o de sua atividade na cidade, a *polis* propriamente dita, soma dos clãs, das *fratrias* e das tribos. A *fratria* era "uma associação fundada em relações de família, alianças, vizinhanças. Os que fazem parte dela se dizem "irmãos" [...]. Uma *fratria* reúne ricos e pobres, aristocratas e pessoas de nascimento humilde, sem hierarquia. A *fratria* funciona como uma estrutura de acolhida"[17].

Há muitas "mitologias dos irmãos". Elas dão esse testemunho primordial da importância fundamental das relações simétricas. Aqui, interessam-nos em seu valor psicológico. As histórias de irmãos pertencem a todas as culturas e tradições religiosas, ainda que pouca relevância costume-se dar a elas. Na mitologia grega, como bom exemplo, muitas de suas prin-

---

17. SISSA, G. & DETIENNE, M. *Os deuses gregos*. São Paulo: Companhia das Letras, 1990, p. 233.

cipais divindades são irmãos, ou gêmeos irmãos. Dentre os olímpicos, principalmente, destacam-se os pares Apolo-Ártemis, Apolo-Hermes. Alternam-se, em seu significado e sabedoria, histórias simbolizando, por um lado, harmonia e integração e, por outro, luta, litígio, conflito.

Na tradição judaico-cristã, entende-se que Aarão e Moisés mostram uma relação prototípica entre irmãos e são um exemplo excepcional de amor fraterno. Nesta tradição, é quase uma exceção exclusiva. Seu relacionamento contrasta com as outras inúmeras histórias de relações entre irmãos na Bíblia. Caim e Abel, logo o primeiro, traz uma história paradigmática de assassinato; Isaac e Ismael rivalizaram-se, e essa rivalidade estendeu-se por gerações; Esaú vendeu seu direito a primogenitura a seu irmão gêmeo, Jacó, que por sua vez obteve a bênção prometida – a inimizade que existiu subsequentemente entre os irmãos gêmeos e as nações que eles fundaram é bastante conhecida, apesar de sua reconciliação posterior nos capítulos 32 e 33 do Gênesis. José e seus irmãos é outro exemplo da complexa imaginação bíblica das ligações entre irmãos. Os rabinos, por sua vez, louvam particularmente o sentimento fraternal que envolve Aarão e Moisés. Aarão é o mais velho e um profeta que servia de porta-voz para seu irmão, pois Moisés tinha um problema de fala. Quando este último foi apontado líder e Aarão sumo sacerdote, não tiveram inveja um do outro; ao contrário, satisfaziam-se com as grandezas recíprocas. Deles está escrito: "Oh! quão bom e quão suave é que os irmãos vivam em união!" (Sl 133,1).

Em outras tradições também encontramos, por exemplo na mitologia hindu, o significativo par dos gêmeos Asvins, semelhantes aos Dióscuros gregos (Castor e Pólux), curadores divinos, doadores de mel, que rejuvenescem os velhos e curam os doentes, e que aparecem montados em seus cavalos no céu da manhã. Na mitologia iorubá, os Ibejis, casal de crianças gêmeas, menino e menina, filhos de Oxum e Xangô, protegem as crianças e "representam a renovação do espírito, o nascimento de uma nova vida interior"[18]; eles "presidem a infância e a fraternidade, a duplicidade e o lado infantil dos adultos"[19]. Como crianças divinas, estão conectados e regem o início de tudo: a cabeceira de um rio, o nascimento de seres humanos e de animais, os brotos, o botão das flores, o amanhecer de um novo dia.

Ibejis

No campo da mitologia clássica, no entanto, é o par espartano dos Dióscuros que está mais perto de nós. Ele representa o tema dos "gêmeos divinos", relativamente comum na Grécia antiga; exemplos de outros desses pares são Zeto

---

18. LIGIÉRO, Z. *Iniciação ao candomblé*. Rio de Janeiro: Record/Nova Era, 1999, p. 105.

19. PRANDI, R. *Mitologia dos orixás*. São Paulo: Companhia das Letras, 2001, p. 22.

e Anfião (de Tebas); Parrásio e Licasto (da Arcádia); Idas e Linceu (da Messênia). Castor e Pólux (ou Polideuces), os mais importantes, apresentam-nos um tal padrão de gemealidade cooperativa que seu mito nos apresenta possivelmente a dimensão mais avançada do amor fraterno. O eros que os uniu dá-nos a imagem da amizade ideal, ou do ideal de amizade.

> Como irmãos, como uma unidade inseparável, os Dióscuros eram adorados por toda a Grécia... por pares masculinos de amigos e amantes comprometidos, pois incorporavam a expressão ideal da ligação profunda entre homens. Sua representação da fraternidade como uma relação de lindo apoio mútuo, ainda que essencialmente extrovertida, orientada para a ação, serviu de modelo para todos os laços estreitos entre homens[20].

A palavra "dióscuros" forma-se em grego de Diòs e koûroi, "jovens/filhos de Zeus". Ambos são filhos da mortal Leda, sendo Pólux gerado por Zeus em forma de cisne, e Castor gerado por Tíndaro, marido de Leda. No mesmo nascimento, ainda outro par de gêmeas vem à luz, Helena e Clitemnestra, suas irmãs. Tinham, portanto, origem divina e mortal simultaneamente.

Muitas são suas lendas, de nascimento e de morte, de batalhas como guerreiros bravos e poderosos, hábeis e inseparáveis cavaleiros, de participação em aventuras como a caçada ao javali de Cálidon e a expedição dos Argonautas. Mas a mais importante para nós aqui é a que conta que um dia Castor, o irmão mortal, numa violenta batalha dos gêmeos com seus primos adversários Idas e Linceu, foi morto por Idas, enquanto Pólux foi levado por seu pai Zeus ao céu. (Sempre

---

20. DOWNING, C. *Psyche's Sisters*. Op. cit., p. 56.

que o tema dos gêmeos aparece, frequentemente um dos irmãos precisa morrer para garantir a vida do outro.) Pólux, extremamente atormentado com a perda do irmão, recusa sua imortalidade, recém-revelada por seu pai, porque não queria separar-se do irmão que, agora, na condição de mortal, iria permanecer para sempre no reino de Hades. Pólux, que amava seu irmão mais do que a própria vida, então suplica que ele devolva Castor à vida. Tamanha prova de profundo amor fraterno comove Zeus. Pólux obtém então de seu pai a seguinte dádiva: compartilhando a imortalidade, os gêmeos passariam um dia no Olimpo, entre os deuses, e um dia no túmulo dos heróis, entre os mortos. E eles apareceriam no céu como a constelação dos Gêmeos.

Outro exemplo da mitologia grega são os gêmeos Anfião e Zeto. Eram filhos de Zeus e Antíope. Sua mãe os tinha abandonado no Monte Citerão (onde foram encontrados por pastores), fugindo envergonhada porque seus filhos eram produto de um estupro de Zeus (seu marido era ou o Rei Nicteu de Tebas ou o deus-rio Asopus). Anfião tornou-se um grande cantor e músico depois que Hermes lhe deu uma lira dourada, ensinando-o a tocar: Zeto, um caçador e pastor. Eles puniram o Rei Lico e a Rainha Dirce por terem tratado Antíope, sua mãe, cruelmente como escrava. Eles construíram e edificaram Tebas com enormes blocos de pedra que se empilhavam sozinhos, formando muros ao som da lira de Anfião. Anfião casou-se com Níobe e se matou após a perda de sua mulher e filhos pelas mãos de Apolo e Ártemis. Zeto casou-se com Aédona. Os irmãos foram enterrados num mesmo túmulo.

Na mitologia romana, Rômulo e Remo eram os filhos gêmeos de Reia Sílvia e Marte. Eles foram jogados no Rio Tibre como punição por Reia Sílvia – que deveria ser consagrada como virgem vestal – tê-los concebido com o deus Marte. Como um milagre, o cesto onde estavam os irmãos atola e é encontrado por uma loba, que os alimenta sob uma figueira. Depois de alguns anos, são encontrados pelo pastor de ovelhas de nome Fáustulo. Ele os recolhe e leva para sua casa, onde são criados por sua mulher, Acca Laurência. Crescem junto aos pastores, e quando atingem a maturidade, tendo lhes sido revelada sua origem pelo pastor Fáustulo, voltam à cidade de seus antepassados, matam Amúlio, o irmão de seu avô, que havia deposto Numitor, seu irmão, e se apossado do trono, e o devolvem ao tio. Resolvem então partir para fundarem uma nova cidade no local onde foram abandonados, no Palatino. Durante uma briga onde Remo zombava da altura dos muros da cidade, Rômulo mata Remo, tornando-se o único soberano da nova Roma, onde reinou por 38 anos.

Os gêmeos sempre despertaram um interesse, um fascínio ou mesmo um temor muito grandes em todas as mitologias e tradições simbólicas, em todas as civilizações. Imagem da dualidade na semelhança, configuram o "estado de ambivalência do universo mítico", um "símbolo da própria contingência de cada ser humano dividido em si mesmo"[21]. A fundação de muitas sociedades está ligada à aparição de gêmeos, como as das populações indígenas do Alto Xingu, no Brasil Central, por exemplo, para quem os gêmeos Sol e Lua criaram a humanidade. A gemealidade nos traz uma imagem especial e radical de relações horizontais simétricas, já que – diferentemente de quaisquer outros seres humanos – eles dividiram o mesmo útero por sete ou nove meses, o mesmo abrigo primordial, e assim já nascem companheiros.

---

21. BRANDÃO, J. *Mitologia grega*. Vol. II. Petrópolis: Vozes, 1998, p. 79-80.

Um padrão trágico de cooperação fraterna nos é apresentado radicalmente pelo mito de Procne e Filomela. Dilacerada pela infidelidade de seu marido Tereu - que havia estuprado a cunhada Filomela, cortando-lhe depois a língua para que ela nada contasse - Procne, sua esposa, que fica sabendo de todo o ocorrido quando lhe chega às mãos uma tapeçaria onde Filomela, abandonada numa cabana na floresta, narra sua desventura com Tereu, junta-se em revolta com a irmã para vingá-la e vingar-se. Para tanto, de todas, a crueldade que mais lhe pareceu apropriada foi servir ao marido, como banquete, uma refeição onde cozinhara o próprio filho desmembrado, morto por ela para este propósito. Tereu, ao final do repasto, perguntando sobre o paradeiro do filho, horrorizado recebe de Procne a cabeça do menino Ítis numa bandeja, ofertada pelas duas irmãs em furioso conluio, que então lhe informam do que havia comido.

Trágico à força, aparece nesse mito a ligação fraterna, a compaixão pela dor da irmã - obviamente impulsionada também pela dor da traição conjugal - falando ainda mais alto que a própria maternidade. A metáfora é simples: não desafie a fidelidade fraterna[22].

---

22. A versão mais completa do mito de Filomela, Procne e Tereu pode ser encontrada no livro VI das *Metamorfoses* de Ovídio. Essa história também aparece no poema "A terra devastada" (The Waste Land), de T.S. Eliot, publicado em 1922, onde há uma cena muito expressiva para uma reflexão sobre psicoterapia e o cultivo da alma. Ela abre a parte II do poema, "Uma partida de xadrez", descrevendo minuciosamente o ambiente sofisticado e claustrofóbico do *boudoir* de uma dama. Com ela está seu marido, ou amante, silencioso. É também principalmente o "retrato" dessa dama que possui algo de rainha ou de princesa, e as alusões do próprio Eliot, nas "notas" que acrescentou ao poema desde sua primeira edição, aludem nada menos do que à presença de Cleópatra - de uma Cleópatra moderna, da alta classe urbana, nervosa e assustada, estéril e desamparada. É um retrato da

Outro padrão trágico, ainda mais complexo em função dos múltiplos vetores das diversas relações de irmandade nele compreendidas, aparece na trilogia tebana de Sófocles, mais precisamente na terceira de suas peças sobre os Labdácidas, Antígona. O drama começa no amanhecer do dia seguinte à noite em que os irmãos gêmeos da heroína Antígona, Etéocles e Polinices, disputando a sucessão do pai Édipo no trono de Tebas, haviam morrido em batalha, um pela mão do outro. "Creonte, irmão de Jocasta e tio de Antígona, assumiu então o poder, e seu primeiro ato após subir ao trono foi proibir o sepultamento de Polinices, sob pena de morte para quem o tentasse, enquanto ordenava funerais de herói para Etéocles, morto em defesa da cidade pelo irmão que o atacava"[23]. Antígona, então, decide enfrentar Creonte e as leis da cidade para dar sepultamento honrado a seu irmão. Ismênia, sua outra irmã, decide não ajudar.

---

vaidade. Todo o ambiente está envolto em perfumes, aromas, luz e sombra, resplendor de joias, mármore, candelabros, vultos. A superficialidade de um mundo decorado e mudo. Há, nesse cenário de luxo e nobreza, em seus objetos, referências a diversos mitos. Entre eles, e de modo mais significativo para toda a passagem, Eliot nos remete ao mito de Filomela, sugerido através de uma tela, que representa a cena de Filomela metamorfoseada em rouxinol, colocada acima da lareira: "Acima da lareira era exibida, / Como se uma janela desse a ver / O cenário silvestre, a transfiguração / De Filomela, tão rudemente violada / Pelo bárbaro rei" (ELIOT, T.S. *Poesia* – Obra Completa. Vol. 1. São Paulo: Arx, 2004 [trad., intr. e notas de Ivan Junqueira]. O mito de Filomela, a que o poema assim se refere nessa cena, testemunha tanto o tema da brutalidade sexual, do estupro, da violação, quanto o tema arquetípico da morte/renascimento, em sua história de metamorfose. São imagens poderosas de dor e dilaceramento. Dediquei a essa cena, esse mito e seus diversos desdobramentos psicológicos um ensaio, "Psicoterapia, o mito de Filomela e uma cena de Eliot", capítulo de meu *Psique e imagem*: estudos de psicologia arquetípica. Petrópolis: Vozes, 2012, p. 54-64.

23. SÓFOCLES. *A trilogia tebana*. Rio de Janeiro: Zahar, 1993, p. 14 [trad. do grego, intr. e notas de Mário da Gama Kury].

O eixo da peça gira então em torno da discussão entre o direito natural, honrando as leis dos deuses e defendido por Antígona, e o direito positivo, honrando as leis do Estado, defendido por Creonte. Mas o fundo dramático no qual toda a ação se justifica é, a meu ver, a fidelidade amorosa de Antígona a um de seus irmãos, Polinices. Antígona é uma heroína da fraternidade, profundamente tocada pelo arquétipo fraterno.

> Para cumprir a lei não escrita e obedecer ao mais simples dever fraterno, afronta com plena consciência o decreto tirânico do rei que, baseado na força do Estado, proíbe-lhe, sob pena de morte, que dê sepultura ao seu irmão Polinices, morto em combate contra a própria pátria[24].

> [Ela está] convencida de que o laço de parentesco entre os irmãos baseado em sua relação comum com a mãe, sua origem no mesmo ventre, transcende todas as obrigações humanas e sociais... A integridade [de Antígona] como um ser humano é para ela inteiramente dependente no fato de ela ser uma irmã[25].

Nessa única história temos rivalidade entre irmãos, fratricídio (Etéocles e Polinices), lealdade fraterna (Antígona), esquiva e abandono (Ismênia), amor, ciúme, poder, inveja, orgulho, solidariedade, competição – tudo constelado a partir das relações entre irmãos. É um verdadeiro compêndio poético das emo-

---

24. JAEGER, W. *Paideia*: a formação do homem grego. São Paulo: Martins Fontes, 1994, p. 330.

25. DOWNING, C. *Psyche's Sisters*. Op. cit., p. 69-70. E não devemos esquecer que Etéocles e Polinice, os filhos de Édipo – a quem ele amaldiçoa antes de sua morte por tê-lo enviado ao exílio depois da descoberta do incesto – são, de fato, seus *irmãos*, assim como são suas *irmãs* Antígona e Ismênia.

ções que brilham e ofuscam essas relações. "Não há vergonha alguma em nos compadecermos dos que nasceram das entranhas de onde viemos", diz ela ao tio, Creonte. Antígona arrisca sua vida pelo irmão; sua lógica é a do amor. Assim ela a defende em sua radicalidade:

> Fosse eu casada e meu esposo falecesse,
> bem poderia encontrar outro, e de outro esposo
> teria um filho se antes eu perdesse algum;
> mas, morta minha mãe, morto meu pai, jamais
> outro irmão meu viria ao mundo[26].

* * *

Também a Astrologia, como campo simbólico, ajuda-nos a perceber e compreender o imenso território do Outro. Ela apresenta três casas, ou zonas zodiacais, para se referir a nossas experiências de alteridade; ao mapeá-las, a astrologia as diferencia. São as *casas dos relacionamentos*, e claramente simbolizam três níveis distintos das relações simétricas que podemos imaginar, aprofundar e experimentar. Elas naturalmente se interligam e se informam mutuamente. Essas são as casas do elemento *ar*, que preside sobre as relações de paridade. Isto quer dizer que o ar é, como símbolo, o elemento próprio das relações; paradoxalmente, ele atrai as experiências psicológicas da distância, da independência e do não envolvimento. Balança, portanto, os polos extremos de *separação* e *simbiose*, a tensão que está na base mais profunda de todos os relacionamentos.

---

26. SÓFOCLES. *A trilogia tebana*. Op. cit., p. 234.

A astrologia, quando compreendida como uma psicologia dos arquétipos, conta-nos, assim, como essas relações são construídas: na terceira casa, correspondente ao signo de Gêmeos, que é a casa do *irmão*; na sétima casa, correspondente ao signo de Libra, a casa da *parceria*; e na décima primeira casa, correspondente ao signo de Aquário, a casa da *amizade*. Do irmão, ao parceiro, ao amigo: um percurso na horizontalidade.

É importante lembrar que esses três planos, por assim dizer, não se acham dispostos linearmente, de forma sequencial direta, mas, ao invés, circularmente, ou seja, requerem, eles mesmos, uma compreensão não hierarquizada. A própria astrologia, nesse sentido, oferece a imagem e o exemplo de uma compreensão não hierarquizada das relações influenciadas arquetipicamente, com sua perspectiva essencialmente policêntrica – o que está tão bem representado no próprio mapa ou carta astral, a roda astral dos signos, planetas e aspectos, onde as forças ou os símbolos se dispõem igualmente, e em iguais fatias, no círculo do zodíaco.

Vejamos com Brian Clark como funcionam simbolicamente esses níveis. A terceira casa, que rege o nível do irmão, é a mais primordial e irá influenciar os desdobramentos de nossa capacidade de nos relacionarmos igualitariamente nos níveis do parceiro íntimo e, depois, dos amigos e nos grupos. A terceira casa, portanto, "simboliza nossos encontros primários com os outros que dividiram conosco nosso ambiente, principalmente os irmãos, mas também outros amigos da vizinhança e os primeiros colegas de escola".

A sétima casa, a casa dos parceiros, simboliza "a esfera da igualdade num nível adulto, onde encontramos outros, os quais sentimos como familiares e que complementam o que percebemos como faltando em nós mesmos". Aqui encontramos as relações de mutualidade e reciprocidade, naqueles com os quais podemos sonhar e dividir projetos de vida, pois com eles nos sentimos compromissados e íntimos, o que engloba tanto o mundo do casamento, os cônjuges, o projeto familiar quanto o mundo dos negócios e das realizações profissionais, os sócios e os parceiros dos empreendimentos particulares.

Já a décima primeira casa, a casa da amizade, do amigo, "representa nossos encontros com os iguais na comunidade fora da família, o que inclui os 'outros sociais' – colegas, associados, amigos e profissionais da mesma área. Esta é a casa dos grupos, das organizações, reminiscentes de nossa primeira experiência de uma organização – a família"[27]. Aqui podemos encontrar irmãos e irmãs que sentimos serem da mesma tribo espiritual, que nos ajudam a aprofundar nossos valores, ideias e projetos.

Gemini. *Poeticon Astronomicon*, de Hyginus, 1504.

---

27. CLARK, B. *The sibling constellation*: the astrology and psychology of sisters and brothers. Arkana: Penguin Books, 1999, p. 162-180.

Podemos entender perfeitamente que esses níveis estão interconectados, pois o sistema simbólico os localiza no mesmo horizonte afetivo. Nossas experiências como irmãos e irmãs determinam e organizam nossa capacidade de fazer e manter amigos. Posições, papéis, modos de amar, esperanças e desejos não resolvidos, fracassos e ressentimentos, vergonha e culpa trazidos pelo sistema fraterno original são levados aos relacionamentos com amigos e colegas, onde são constantemente reativados. Isso acontece com as ligações diárias e mais íntimas que temos com nossos melhores amigos; mas também na formalidade e nas obrigações das organizações profissionais, dos grupos e da comunidade. Nossos irmãos, ou nossas irmãs, são nossos primeiros iguais, e com eles são formadas as alegrias, as tristezas e as feridas das relações simétricas, regidas pelo arquétipo fraterno. Em outras palavras, nossos irmãos e nossas irmãs voltam a nós em nossos amigos. Nossos amigos tornam-se nossos irmãos/irmãs. Assim, as relações de amizade são também um espaço para redimirmos as feridas e os conflitos do sistema fraterno.

Nesses prados entrelaçados da alma, nessas sendas do eros entre iguais, bafeja a inefável nostalgia do encontro.

* * *

São várias as aparições numinosas do arquétipo fraterno na esfera da consciência coletiva da cultura. A *fratria* como arquétipo está naturalmente para além da experiência individual do irmão. Entre tantas, para citar poucos e óbvios exemplos, podemos perceber emergências do arquétipo fraterno não só nos mitos clássicos de diversas civilizações, no raciocínio astrológico do mundo, na alquimia e na mística de muitas tradições, mas também na história, no cristianismo (mais fortemente em São Francisco de Assis, p. ex.), no Buda, no ideário da Revolução Francesa, em Gandhi.

Um exemplo bastante significativo, na área da educação, é a Escola da Ponte, uma escola de ensino fundamental localizada em Vila das Aves, Portugal, fundada pelo educador português José Francisco Pacheco em 1976, que radicaliza os princípios de uma "educação democrática" – uma filosofia educacional na qual democracia e igualdade são tanto o objetivo quanto o método na instrução de crianças, iniciada pela Summerhill School em Suffolk, Inglaterra, em 1921. A escola não tem paredes internas para separar as crianças por idade ou nível. Elas são agrupadas de acordo com a área de interesse a ser estudada, independentemente de idade. Elas são convidadas a praticar a democracia dentro da própria escola, como cidadãos autônomos. Como numa democracia direta, elas organizam encontros gerais e discussões para resolver, entre outros, problemas disciplinares. Cada estudante e conselheiro educacional são responsáveis por um aspecto da operação da escola. O estudante e até mesmo o professor que desrespeitar as regras predeterminadas por eles mesmos são convidados, na frente de todos, a refletir e decidir sobre seu comportamento dentro da escola. O espaço é estruturado de forma que todos possam trabalhar com todos. Nenhum estudante é um estudante de um único professor, e nenhum professor leciona apenas para alguns alunos. A escola trabalha numa lógica de projetos, e está estruturada a partir das interações entre seus membros e a comunidade. Para mim, essa experiência radical está claramente sob a influência do arquétipo fraterno.

Mas o exemplo de São Francisco de Assis, na tradição ocidental, é paradigmático. Ele vai além da relação vertical de pai e filho e vive a mística da filiação de tal modo que se faz totalmente sensível para o nível horizontal, vivendo a experiência do irmão de modo tão radical que lhe passa a ser possível enxergar tudo e todos verdadeiramente como irmãos: as árvores, as montanhas, as ervas daninhas, os animais, as águas, as pedras, o rico, o pobre, a criança, o doente. Com Francisco, a fraternidade torna-se universal. Irmão Sol, Irmã Lua. É o Evangelho da fraternidade, a novidade espiritual da fraternidade que ganhamos com ele, como tanto apontou Leonardo Boff em seus escritos sobre São Francisco, modelo fundamental de sua teologia.

São Francisco está na raiz de uma antropologia onde a categoria do irmão, irmão de alma, revela um modo de ser que tem na lógica do coração, na lógica da emoção, a conexão com todas as coisas, com todos os seres. Com ele podemos entrever uma imagem luminosa do amor fraterno, modelo mais avançado do ideal de horizontalidade:

> Não há limites para sua fraternidade. Daí a dimensão de doçura, de cortesia, de ternura em São Francisco. Porque, qual é relação de irmãos? É uma relação de amor, de afabilidade, de comoção, de abraço, de carinho. Os irmãos vivem esta dimensão[28].

* * *

Finalmente, também no corpo podemos identificar e apreciar as zonas arquetípicas da fraternidade, bem como reconhecer sua repressão, seu patologizar. Podemos facilmente imaginar que se o *colo* é o lugar arquetípico da mãe,

---

28. LELOUP, J.-Y. & BOFF, L. *Terapeutas do deserto* – De Fílon de Alexandria e Francisco de Assis a Graf Dürckheim. Petrópolis: Vozes, 2002, p. 77.

território para um afeto que se dá primordialmente, como imagem primordial, no nível do ventre - como acolhimento, proteção, quentura, vaso e matriz na alma de um chão, uma terra, matéria -, então o *locus* arquetípico, primordial em sua imagem, do irmão/amigo, será o *abraço*, como um afeto que se encerra (que está cerrado) no nível do peito, no *chakra* do coração, *anahata*. Amigo do peito, irmão, camarada: falas do peito, peito que fala.

Claro que há também um coração no ventre, no colo: coração de mãe, um coração livre do ventre livre para amar. Mas e o coração do peito que *abraça*, de peitos que se tocam, se trocam, se abrem, diafragmas inflamados apontando para cima, *anahata*? Este, o coração da fraternidade, o corpo da fraternidade, a psique no peito.

1.3 Transferência

Agora, a importante questão da transferência. Compreendo que o anseio, por parte da maioria dos pacientes em análise, por uma transferência de caráter paternal/maternal, e sua confirmação, é instalado e, mais ainda, *reforçado* pelos próprios métodos da análise que, em si, como nos ensinou James Hillman, perpetuam o Édipo e a família vertical, perpetuam a mãe e suas preocupações com as origens, e a ênfase no autoconhecimento. Essas transferências - ou seja, esses anseios de amor, essas carências da alma, esses retratos de desamparo e abandono - estão instigadas ou mesmo produzidas pelo próprio método, pelo que encontramos quando entramos nas relações analíticas. E isso mesmo que num *setting* junguiano - onde, a princípio, e por princípio, os parceiros analíticos estão posicionados *simetricamente* no espaço (ainda que não no tempo) – dispostos na posição mútua *do* diálogo, e dispostos *para* a posição mútua do diálogo. Por que então não se dão olhos e importância suficientes, na análise junguiana, para a percepção do aparecimento, do desenrolar e, principalmente, da função das transferências fraternas, de mutualidade? Se permanecemos no método, permanecemos paternalistas, e nos defendemos do irmão.

Encontramos, numa importante página de Freud, quando ele discorre sobre as dinâmicas da relação analítica, a observação de que a transferência não está necessariamente ligada apenas às imagens de pai e mãe, mas que também pode advir da *imago* do irmão ("A dinâmica da transferência", 1912). Nessa passagem, Freud felicita Jung por ter cunhado o termo "*imago*", que lhe parece muito "adequado", mas não segue adiante com a reflexão:

> Se a "*imago* paterna", para utilizar o termo adequado introduzido por Jung, foi o fator decisivo no caso, o resultado concordará com as relações reais do indivíduo com seu médico. Mas a transferência não se acha presa a este propósito específico: pode surgir também semelhante à *imago* materna ou à *imago* fraterna[29].

O que Freud claramente indica, e que estamos tentando imaginar, é que também a relação analítica está, de diversas formas, sob a poderosa influência do arquétipo fraterno, sobretudo no que ela é capaz de espelhar a partir da posição tanto do analista quanto do paciente em suas constelações familiares de origem. Aqui temos, entre outras, a importan-

---

29. FREUD, S. "A dinâmica da transferência" (1912). In: *Edição standard brasileira das obras psicológicas completas*. Vol. XII. Rio de Janeiro: Imago, 1969, p. 134-135.

te questão da ordem de nascimento, que examinaremos mais adiante, no capítulo 2. Se o analista é o irmão mais velho e o paciente o mais novo, por exemplo, ou mesmo o contrário, ou ainda se um deles é filho único, entendemos que certamente essas posições podem vir a ser mesmo determinantes, num sentido inconsciente mais profundo, para a modelagem da transferência e da contratransferência, ou seja, para o modo de estabelecer essas relações, carregadas que estão, como sabemos, das anteriores. E até, em última instância ou no limite, e em função das dificuldades ou facilidades aí consteladas, determinantes também para o sucesso ou o fracasso – a possibilidade ou a impossibilidade dramática – dessa relação analítica.

A questão clínica, em outras palavras, seria: Como tornar os terapeutas mais sensíveis para uma conexão baseada nesse nível arquetípico, na lógica da fraternidade? Se entro numa relação analítica nesse nível, o que se constela? O que provoco, o que descubro, o que posso ver, o que muda em mim e no outro? Quantas transferências necessárias, de caráter essencialmente fraterno, são abandonadas ou, pior ainda, *não percebidas* – ou vistas como resistências e, portanto, desperdiçadas – em razão de nosso próprio método?

Quando, na teoria da psicologia profunda e na prática da psicoterapia analítica, fala-se em família ou familiaridade, quase sempre está se referindo à dramática das relações pai/mãe/filhos. Nunca são explorados, como poderiam ser a meu ver, os vínculos dos irmãos. E "família" nunca é imaginada ou pensada através da importância, estruturante ou desestruturante, desses vínculos fraternos. Todos os enredos que fazem parte das relações dos irmãos ficam em segundo plano quando se busca entender profundamente comportamento, relacionamentos, emoções, reações, patologias, diagnósticos, linguagem, sonhos. O próprio Jung dedica apenas 15 linhas em suas memórias para falar de sua única irmã mais nova, sem sequer citar seu nome, Gertrud, acabando por afirmar que ela "foi sempre uma estranha para mim"[30]. E não menciona duas irmãs natimortas antes dele, e um irmão, Paul, que viveu apenas cinco dias, e que o precedia imediatamente. Que impacto essas irmãs poderiam ter tido sobre ele e sobre sua teoria, com relação ao mistério do feminino (ou ao feminino misterioso e desconhecido), desde os experimentos com sua enigmática prima Helene Preiswerk, até as formulações mais avançadas sobre a *anima* e a *soror mystica* na alquimia, é um dos argumentos do livro de Brian Clark, *The Sibling Constellation*.

1.4 Horizontalidade

Em um intrigante ensaio de James Hillman, do livro *Senex & puer* (vol. 3 da *Uniform Edition*), "Notes on Verticality: Creation, Transcendence, Ambition, Erection, Inflation" ["Notas sobre verticalidade: criação, transcendência, ambição, ereção, inflação"], ele claramente enxerga a fenomenologia e a psicologia *puer* equacionadas com modos ascensionais de consciência, com as direções transcendentes e verticais na alma, com ereção e eretibilidade (arquetípicas ou não) e, em consequência, também com ambição, competição, arrogância e aquilo que a psicologia agora chama de "inflação" – como

---

30. JUNG, C.G. *Memories, Dreams, Reflections* (1961). Nova York: Vintage Books, 1965, p. 112 [ed. de Aniela Jaffé]: "...minha irmã, nove anos mais nova do que eu e cuja natureza terna e doentia era diversa da minha sob todos os pontos de vista. Nascera para ser uma 'solteirona'; nunca se casou... Podia imaginá-la passando os dias num pensionato de aristocratas solteiras, como no caso da única irmã de meu avô Jung, alguns anos mais nova do que ele".

se a consciência *puer* ignorasse o "mundo diário e sua incessante continuidade"[31]. Quero chamar a atenção e me concentrar por um momento nesta "incessante continuidade", com vistas a criar um breve diálogo com aquele importante ensaio. Hillman avança mostrando-nos que todas aquelas características, se vistas a partir da perspectiva do *puer* – e não de nossa perspectiva egoica comum –, revelam de fato uma verdadeira fenomenologia espiritual, onde a transcendência torna-se um modo de transgressão, e arrogância, ambição e inflação podem ser compreendidas como emoções que estão trabalhando rumo a "redenção, beleza, amor, alegria, justiça [e] honra"[32] no mundo – aspectos que tanto nos faltam na vida contemporânea. Mas ambição, arrogância e mesmo inflação nos levam para cima. O que nos levaria para frente?

Encarar e lutar com a "incessante continuidade" de nosso mundo diário, a própria ideia de um mundo diário, nos leva para longe do *puer* e para perto da alma, movendo-nos da verticalidade para a horizontalidade: um movimento anti-heroico. Também um movimento antiereção, pois não mais buscaríamos a ereção *per se*, ou ereção arquetípica, como com o *puer*, mas para a *penetração* arquetípica, como com a *anima*, penetração no plano horizontal – no mundo (e não para além ou para fora dele).

A ereção não é uma função de relação, ainda que mágica e miraculosa. "Uma ereção serve menos para relacionar amantes do que carregá-los rumo aos céus em êxtase. Uma flecha,

---

31. HILLMAN, J. *Senex & Puer, Uniform Edition of the Writings of James Hillman*. Vol. 3. Putnam, CT: Spring Publications, 2005, p. 159 [ed. e introd. de Glen Slater].

32. Ibid., p. 175.

não uma ponte"[33]. A ela falta continuidade, sendo totalmente momentânea, um instante no tempo. Talvez a continuidade seja mais um predicado da *anima* do que um aspecto do *senex*. É a *anima* que nos põe envolvidos com algo, mantendo-nos em ligações, em laços, penetrando e sendo penetrados. A verticalidade do espírito é intermitente, não incessante. Ele salta, momentos de *insight*, de visão, também momentos místicos. A alma e a horizontalidade parecem incessantes, pois a alma está sempre conosco, sempre disponível para nós, sendo a própria continuidade de tudo, nossas contínuas e inexplicáveis complicações com o mundo. O que se segue ao ascensionismo, à verticalidade e à ereção é a penetração arquetípica no mundo.

A "continuidade" que não cessa é o *mundo*, o vale de fazer alma. "Chame o mundo, se quiser, de 'Vale de Fazer Alma'. Então acharás o uso do mundo..." [*"Call the world if you please, 'The vale of Soul-making'. Then you will find out the use of the world..."*], os famosos versos do poeta John Keats que James Hillman costumava citar para apresentar sua visão do trabalho com a alma. Essa é a esfera dos relacionamentos e a interpenetração de todas as coisas, ideias, pessoas, paixões, patologias, quando estamos horizontalmente alinhados com a *anima* como aquele fator em nós que penetra e é penetrado, que percebe o mundo e é percebido por ele. Dessa perspectiva, estar na alma, *esse in anima*, é estar num modo penetrativo.

O trabalho de Hillman torna fácil para nós enxergarmos o quanto estamos presos nas condições do arquétipo *senex/ puer* em nossa cultura – condicionados a experimentar o que é velho e o que é novo, o que é passado e o que é futuro, o

---

33. Ibid., p. 167.

que é tradição e o que é inspiração, todos os dias em nossas vidas, em termos ascensionais, com uma imaginação vertical, *ups and downs*, para cima e para baixo. Ereções e depressões. Pois se a verticalidade está presente no *puer*, como Hillman tão extensivamente nos demonstra, ela também é relevante para o *senex*. Depressão, melancolia, descidas são aspectos importantes da consciência *senex*. Saturnina, assim a chamamos, e sentimos seu peso plúmbeo. A consciência *senex* envolve-nos com profundidade, com o aprofundamento das experiências, com peso, como se estivéssemos, por assim dizer, em "ascensões para baixo". "O caminho para cima e o caminho para baixo são um e o mesmo", disse Heráclito no famoso fragmento 60. Ou "o puxão da gravidade para baixo e para dentro da subjetividade", como colocou Hillman[34].

Bem, com a ideia de uma penetração arquetípica em mente, podemos agora invocar o arquétipo fraterno e seu impacto no mundo e em nossas relações com o mundo e com as outras pessoas, já que ele é tão paradigmático para todos os estilos horizontais e simétricos de consciência. É primeiramente com irmãos e irmãs que aprendemos as difíceis lições da horizontalidade, da continuidade, dos relacionamentos simétricos e do cultivo da alma. Isso significa um aprofundamento no plano horizontal, rumo ao Outro, o mundo e seus eventos e complicações. Pois é necessário imaginar e experimentar a profundidade – a grande direção metafórica da psicologia arquetípica – também num plano *horizontal*, com uma fantasia penetrante. A alma também pode sempre aprofundar as coisas em conexões horizontais.

Então, talvez aquilo que Jung reconheceu e compreendeu como *anima* comece como uma função de relação num

---

34. Ibid., p. 257.

nível horizontal. Se for assim, podemos agora voltar a ereção e penetração, com que começamos – com que tudo começa – e dizer que se o *puer* é "para cima e para baixo", a *anima* é "para dentro e para fora". Nessa imagem perpendicular todos temos que realizar o casamento *puer-psique*, como também sugeriu Hillman[35], o que para mim significa pedir a todos aqueles que agem em nome da alma que encontrem as conexões entre "o impulso ascensional do *puer* e o abraço nebuloso e sobrecarregado da alma"[36].

---

35. Ibid., p. 85-89.
36. Ibid., p. 84.

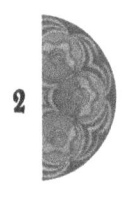

2 Psicopatologia das relações simétricas

> E disse o Senhor a Caim: "Onde está Abel, teu irmão?" E ele disse: "Não sei; sou eu guardador de meu irmão?"
> Gn 4,9

Pretendo apresentar e discutir agora alguns aspectos da *sombra* das relações horizontais simétricas, ou seja, a psicopatologia das relações de irmãos, principalmente, mas além disso, e por extensão lógica, das relações com amigos, companheiros, camaradas. Como então rivalidade, competição, suspeita, dissimulação, distância, ciúme, inveja, revanche, vingança, disputa, briga e mesmo fratricídio, autoritarismo e humilhação, conflito ou desinteresse, crimes e castigos atingem esse amor, tingindo-o tantas vezes com as cores tristes da ruptura, do afastamento, do abandono, do silêncio ou da discórdia? Aqui, veremos, as feridas são inúmeras, o patologizar é extenso, o cuidado é urgente. O pano de fundo mitológico ajuda-nos a compreender melhor esses quadros no panorama arquetípico maior do arquétipo fraterno.

Qual, então, o significado mais profundo e as reverberações emocionais mais amplas em outros laços, do amor e da lealdade entre irmãos, ou, por outro lado, da briga e da rivalidade entre irmãos, do silêncio entre irmãos, irmãos ou irmãs que deixam de se falar? E da traição, ciúme, competição, paranoia, colaboração, amizade entre irmãos, sociedade entre irmãos? Da dificuldade, muitas vezes impossibilidade, de se manter vínculos próximos, de sustentar intimidade e diferença, especialmente no par irmão-irmã? Por que, como já mencionamos, quando se pergunta, na maioria dos casos, este é um vínculo difícil? Como ultrapassar a dificuldade e avançar nesses vínculos? Como isso tudo define e molda minha alma? O que isso tem a ver com meu destino? O que quer a alma com o *irmão*? E, somando tudo, como libertar os horizontes da alma para que finalmente ela se fraternize?

2.1 Amor fraterno

A compreensão da *fratria* como uma experiência psicológica pode dar-se por meio de três grandes eixos: a ordem dos nascimentos; a repartição dos sexos; e o número de filhos que compõe o grupo de irmãos. Isso permite avaliar o impacto, as características e a dimensão que o arquétipo fraterno pode ter no caráter de uma determinada constelação familiar, bem como sua influência na vida de cada um de seus indivíduos.

O impacto da ordem dos nascimentos merece atenção especial. Reproduzimos inconscientemente mais tarde na vida das relações, nos casamentos, nas experiências de associações, com parceiros, companheiros e amigos pela vida afora, nossa posição no sistema de irmãos. A ordem de nascimento, e a posição específica de cada um de nós nela, é parte de nosso destino. Como forte influência em nosso estilo de vida na idade adulta, essa ordem naturalmente não pode ser mudada, apenas conscientizada.

Ainda que de forma mais ou menos esquemática, os arranjos familiares se dão normalmente dentro das seguintes categorias: o irmão mais velho (o primogênito); o irmão do meio (um ou vários); o irmão mais novo (o caçula); e o filho único. Cada uma dessas posições, do ponto de vista psicológico, evidentemente traz consigo um modo de relacionamento com o outro com características, fantasias, problemas e anseios próprios.

Em linhas gerais, o filho mais velho está mais sujeito a receber a forte influência das expectativas dos pais com relação tanto a si mesmos quanto à criança. Isso leva a uma ansiedade normalmente presente nos filhos mais velhos que se faz perceber nas fantasias de sucesso, na pressão para serem produtivos e realizadores. Mantêm-se mais ligados às estruturas, tradições e valores da família em que nasceram, inconscientemente mais identificados com os pais, e, portanto, as questões da identidade, da autoestima e da aprovação são sempre mais prevalentes. São, em geral, mais conservadores.

Com a chegada de novos irmãos, constela-se a importante e especial questão da primogenitura. Diversas culturas, ao longo da história, em hábitos, costumes, mitologia e tradições religiosas, dispensaram verdadeiro culto à pessoa e à posição do primogênito. O primogênito é frequentemente considerado sagrado. O "caso" de Esaú e Jacó, logo no primeiro livro bíblico, o *Gênesis*, relata, como se sabe, a importância e a complicação arquetípicas da questão da primogenitura. Ainda que a prática tenha sido abolida, o direito de herdar todas as "posses" e os "privilégios" do pai pode ser visto como metáfora de poder, de autoridade e de singularidade, presente na psique inconsciente do filho mais velho. É um gatilho que pode despertar inveja e cobiça entre os irmãos.

O filho do meio obviamente está mais identificado com a posição do mediador e do negociador. Mais jovem que o irmão mais velho, e mais velho que o irmão mais jovem, o do meio consegue sempre ver os dois lados das questões, o que torna mais difícil para ele, nas situações de confronto e conflito, decidir e tomar partido.

O caçula, por sua vez, é o portador da nova ordem, identificando-se quase sempre com a imagem do revolucionário, com um olho para o novo e o diferente. Chega na família quando todos os seus integrantes já estão em posições definidas e estruturadas, especialmente se for um grupo numeroso, onde as regras e os valores já foram estabelecidos e acordados, e tem assim um ângulo de visão privilegiado que pode levá-lo mais naturalmente ao questionamento e à vontade da experimentação de outros modelos. Acolhe, mas confronta os valores de sua família de forma mais direta. É, portanto, aquele que está mais aberto para as realidades fora do círculo familiar, para a novidade além do ambiente da casa e de seus costumes.

Já o filho único, que não teve a experiência da divisão da atenção dos pais, também não teve a experiência sempre tão profunda e determinante de ter que lidar com as poderosas e ambivalentes emoções que um sistema de irmãos proporciona. Assim, sua ligação com amigos, primos, vizinhos tenderá a ser mais forte. Terá em muitas situações na vida, principalmente, dificuldade em ser um entre muitos.

* * *

A experiência do arquétipo fraterno, e da função fraternal em nossas vidas, faz parte da atividade mitologizante da psique: mesmo sem a vivência literal de um laço de sangue, buscamos pelo irmão e construímos histórias fraternas. Ansiamos por um irmão, mais ou menos conscientemente e, ao buscá-lo, buscamos essa intimidade, própria e básica, feita de toda a segurança incondicional (ou quase) que só um vínculo não escolhido, mas da vida toda pode conferir, um vínculo permanente de igualdade e semelhança. E é também dentro (e por causa) dessa segurança, peculiar ao vínculo fraterno, que hostilidade e agressividade podem ser expressas de forma muitas vezes tão irrefreada. Na relação parental, ao contrário, a expressão da hostilidade é mais ameaçadora para os sentimentos mais primários de identidade, e, portanto, a evitamos, às vezes camuflando ou mesmo comerciando nossos afetos mais profundos, fazendo qualquer negócio. A prática clínica o demonstra reiteradamente. A relação entre irmãos, especialmente do mesmo sexo, passa então a ser a mais estressante, volátil e ambivalente.

É fácil notar que muitos primogênitos, em algum momento no decorrer do que chamamos infância, pedem e fantasiam em torno de um "irmãozinho". O que está por trás desse anseio? Como compreendê-lo psicologicamente com noções e valores mais elaborados do que apenas aqueles que apontam a questão da sombra, ou mesmo a grande questão do Outro, do espelho? Será a alma já pedindo *horizontalidade*, a profundidade diversa contida na horizontalidade? Horizontalidade: um modo de aprofundar.

Outro aspecto dessa busca pelo irmão – que é o imperativo do arquétipo de realizar-se e particularizar-se em nossas vidas – é a experiência da necessidade de pertencermos a um grupo, de buscarmos pelo grupo, em diversas fases de nossas vidas pessoais, sociais e profissionais. Buscamos o grupo, o bando a que pertencer, onde nos sentiremos pertencidos, finalmente identificados – os semelhantes, que marcam para nós nossa diferença, nossa identidade, naquele anseio pelo outro que é como eu, a paridade.

Freud e Jung ficaram por aí em sua abordagem ao tema. Freud falou da rivalidade fraterna e explorou os sentimentos de competição entre irmãos quando do aparecimento de outro membro na família. E Jung menciona algumas vezes em sua obra apenas o "motivo dos irmãos hostis" como uma realidade arquetípica inerente à psique. Ambos permaneceram nesse aspecto único da fenomenologia do arquétipo fraterno: rivalidade, competição, hostilidade.

Aquilo a que chamamos de psicologia profunda, no entanto, emergiu e se configurou como tal no ambiente eurocêntrico de uma cultura patriarcal, onde a dominação e a autoridade do macho branco eram inquestionáveis. A psicanálise desenvolveu-se então no século XX com um foco quase exclusivo nas estruturas hierárquicas assimétricas da família – as relações parentais – largamente ignorando o impacto das relações fraternas e sua contínua influência no decorrer da vida, permanecendo assim apenas na compreensão e na elaboração da poderosa marca que têm os pais em nossa psique.

Nesse contexto, referimo-nos habitualmente a Sigmund Freud e C.G. Jung. Contudo, esquecemos de um terceiro fundador da psicologia profunda, um terceiro *brother*, cuja teoria Jung conhecia bem, recomendando sua leitura[37], e que Freud rejeitou como "pouco psicológico": Alfred Adler. Sua

---

37. JUNG, C.G. *CW* 4, § 756: "Ninguém que se interessa pela 'psicanálise' e procura ter uma visão relativamente satisfatória do conjunto da moderna psicologia médica pode dispensar a leitura dos escritos de Adler. Além de serem muito interessantes, o leitor descobrirá que se pode explicar convincentemente o mesmo caso de neurose tanto pela teoria de Freud como pela de Adler, ainda que os modelos de explicação pareçam diametralmente opostos".

importante contribuição fala, principalmente, da inferioridade humana, do "complexo de inferioridade", de um sentido de imperfeição, ou seja, daquilo que em nós sentimos como inferior e quebrado – o ponto fraco como o lugar de menor resistência na alma. Um tema importante para a psicoterapia, que Jung formulou mais tarde como *sombra*, ainda que com sentidos diferentes.

Adler foi o primeiro (e o único entre eles) a falar sobre a potente influência do irmão na constituição do caráter e do estilo de vida de cada personalidade. Preocupou-se, a partir de 1918, principalmente com a posição de um indivíduo na ordem dos nascimentos, que tem grande importância em sua teoria. A ênfase de Adler na ordem do nascimento ao invés de, por exemplo, o gênero, é uma forma de dessexualizar tanto as teorias de Freud quanto as de Jung; porém, ainda mais importante para o arquétipo fraterno, é um modo de considerar a verticalidade *dentro* da experiência da horizontalidade.

Entretanto, outro de seus temas, muito significativamente aqui no âmbito desta nossa discussão, interessa-nos mais, já que aponta na direção que quero tomar: aquilo que Adler chamou de *Gemeinschaftsgefühl*, o sentimento de comunidade – como um sentido expandido de identidade – que ele considerava "o único objetivo realista da psicoterapia"[38]. James Hillman, num dos raros ensaios de caráter junguiano que procuram recuperar a importância da psicologia adleriana para a prática da psicoterapia analítica, avança a compreensão do sentimento de comunidade, ou "interesse social", até a ideia de alma do mundo, como aquele movimento que vai "de *mi-*

---

38. HILLMAN, J. *Healing fiction*. Nova York: Station Hill, 1983, p. 124 [*Ficções que curam* – Psicoterapia e imaginação em Freud, Jung e Adler. Campinas: Verus, 2010].

nha alma para *a* alma, de *minha anima* para a *anima mundi*, dos sentimentos subjetivos para o mundo objetivo almado"[39]. Uma ampliação da noção de "realidade psíquica" que nos lança na comunidade, na comunhão com todas as coisas.

Contudo, a importância da complexa noção de *Gemeinschaftsgefühl* está, acima de tudo, em ser a única, no campo da psicanálise ou da psicologia analítica, a chamar a atenção para as relações simétricas e, nesse sentido, de ir em direção ao irmão. Ela é uma noção que tem por base, digamos, o arquétipo fraterno. "Para Adler, a neurose é uma expressão do fracasso em se reconhecer o significado interno da experiência com os irmãos; o neurótico está preso na fantasia de ser um filho único, na ilusão do isolamento"[40]. Segundo essa noção, a psique tem necessidade de espalhar-se horizontalmente e anseia por simetria. A alma anseia por comunidade:

> ...ela quer viver com razão num mundo que reflita um sentido cósmico, antes, agora e sempre, onde a alma como potencial dessa ordem esforça-se com propósito e dá sentido a cada ato, como se cada ato "contribuísse" para a vida, movendo-a para uma perfeição comunal e cósmica[41].

A alma busca por uma experiência profunda de comunidade como uma de suas necessidades mais fortes. A solidão – que nada tem a ver, por um lado, com o número de pessoas à nossa volta ou em nossas vidas e, por outro, com a experiência dos encontros que alguém pode ter consigo mesmo ou, ainda, com a dolorosa consciência de nosso caminho solitário – é a

---

39. Ibid., p. 125.
40. DOWNING, C. *Psyche's Sisters*. Op. cit., p. 113.
41. HILLMAN, J. *Healing fiction*. Op. cit., p. 107-108.

grande ferida, a grande queixa, que surge do esquecimento, da negligência ou mesmo da deturpação e da perversão dessa necessidade. Então percorremos, uma após outra, as igrejas, as organizações, as instituições, os grupos e as vizinhanças em desespero e não com uma perspectiva da alma.

Adler não foi bem compreendido, e permanece em parte esquecido. Sua preciosa noção (*Gemeinschaftsgefühl*) foi confundida com compromisso social e trabalho político (em suas diversas faces, do assistente social à ação fundamentalista), com a mesma literalidade que arranca o nível *psicológico* do interesse de Freud pela sexualidade, ou do interesse de Jung pela religião, literalizando-os – um ponto já bastante explorado pela psicologia arquetípica[42]. Porém, não se trata de sexo, religião e comunidade, mas a psique nessas experiências, a alma dessas experiências, ou aquilo que a alma está comunicando por meio dessas experiências.

Aquilo que está psicologicamente por trás dessa negligência com relação à figura de Adler é o que mais me interessa aqui. Para isso, é importante recapitular agora rapidamente, antes de prosseguir, alguns dados biográficos das constelações fraternas desses nossos pais, no sentido de uma melhor compreensão desse nosso tema: Freud e Jung eram os filhos mais velhos em suas famílias, eram primogênitos. Adler, ao contrário, era o segundo filho, pois tinha um irmão mais velho (de nome Sigmund!). Freud, numa complexa constelação familiar, tinha dois meio-irmãos bem mais velhos do primeiro casamento de seu pai, que à época do nascimento de Freud já era avô, e cinco irmãs mais novas, do segundo

---

42. Cf., nesse sentido, todo o ensaio de James Hillman: "What does the soul want: Adler's imagination of inferiority". In: *Healing fiction*. Op. cit., p. 83-129.

casamento de seu pai (com sua mãe). Jung, por sua vez, tinha uma única irmã sobrevivente e duas irmãs natimortas antes dele. Devemos também lembrar aqui que Freud, Adler e Jung – esse triunvirato de fundadores – tiveram, cada um deles, um irmão que morreu cedo, deixando-os, por assim dizer, sem rivais. Nenhum deles, contudo, escreveu uma linha sequer sobre o impacto emocional da perda de um irmão ou sobre a psicologia da relação irmão-irmã. Jung falou da *soror mystica* na alquimia e da relação simbólica do adepto com ela como uma imagem de *coniunctio*, permanecendo assim no plano exclusivamente arquetípico do tema. Aquela sua única irmã, Johanna Gertrud, nove anos mais jovem, é raramente mencionada nas principais biografias de Jung e, como é sabido, ele mesmo pouco se referiu a essa relação, sempre num tom de estranhamento. Brian Clark, em seu livro *The sibling constellation*, especula, portanto, se não terá havido uma "defesa inconsciente" por parte dos pais da psicologia profunda contra as relações simétricas de irmandade. Ou seja, uma defesa da própria psicologia profunda, na qual essas relações foram inconscientemente sentidas como tão problemáticas que o único recurso foi *não confirmá-las*:

> Os pais da psicanálise, Sigmund Freud, Carl Jung e Alfred Adler, também eram colegas. Suas relações fraternas foram fraturadas por rivalidades na medida em que cada um trouxe suas próprias experiências com irmãos para essas relações... Sua falta de foco na esfera da irmandade pode ser vista como uma defesa inconsciente para manter o lugar da autoridade[43].

---

43. CLARK, B. *The sibling constellation...* Op. cit., p. 7-8.

Podemos assim especular em torno de algo como um "complexo fraterno". Isso já aponta, por si só, à psicopatologia das relações fraternas. Os conflitos e as cisões constantes em nosso próprio campo talvez possam ser melhor compreendidos também a partir desse pano de fundo histórico/psicológico.

Todo o campo da mitologia comparada, do folclore, da literatura, da religião e dos contos populares, como já mencionei, no entanto, conta histórias diversas que iluminam os muitos lados desses laços e suas dificuldades inerentes. Contudo, creio que, para a psicologia e para a cultura, a verdadeira importância das relações simétricas da horizontalidade só poderá emergir, tornando-nos mais conscientes de sua influência, quando o foco hierárquico nas relações assimétricas parentais – que, ainda que amorosas, sempre ocultarão mais marcadamente a sombra do poder e da dominação – tiver sido abandonado. Apenas quando as lentes da hierarquia tiverem perdido seu lugar de predominância em nossa visão do mundo e de nós mesmos, e numa visão linear da psique, é que uma sensibilidade renovada para a igualdade poderá de fato entrar em cena. É tudo de que precisamos. Pois é a difícil experiência da igualdade e da simetria que está no coração do arquétipo fraterno, tanto no âmbito de nossas vidas pessoais como no palco mais amplo da cultura e da política.

Vários pares de irmãos nos chegam por meio das histórias míticas de diversas tradições. Castor e Pólux, Remo e Rômulo, Gilgamesh e Enkidu, Caim e Abel, Esaú e Jacó, Apolo e Hermes, Ísis e Osíris, Cosme e Damião, para citar novamente apenas alguns entre os mais representativos. Tantos padrões, tantas faces – da gemealidade cooperativa à rivalidade e o fratricídio. É certo, quase todos os mitos de fundação na tradição indo-europeia envolvem histórias de irmãos. Cada uma delas conta um pedaço da história maior da simetria arquetípica nas relações humanas.

2.2 Quando o irmão fere: Caim e Abel

Bem entendida a questão do amor fraterno e sua importância para o cultivo da alma, podemos agora mais diretamente nos voltar para alguns aspectos de seu sofrimento. De um ponto de vista arquetípico, podemos observar que entre irmãos o que está em cena são fundamentalmente os processos de negociação, cooperação e competição. O amor entre irmãos passa por dentro desses processos. E é a partir deles que podemos entrever melhor a sombra das relações simétricas ou, mais importante ainda, as relações simétricas como patologia, no indivíduo e na cultura. Aqui temos dois níveis a serem vislumbrados ao mesmo tempo: por um lado, as feridas próprias das relações de irmandade, nos diversos padrões que constituem uma psicopatologia das relações simétricas[44]; e, por outro, as próprias relações de irmandade como ferida, ou seja, a sombra na qual se encontram essas relações no plano mais amplo da história e da cultura[45].

Quando o irmão fere, ou nos sentimos feridos por ele, há hostilidade, agressão e eros. As emoções são então, predominantemente, as do ciúme, da inveja e do ódio. Mas também *o*

---

44. Cf., como contraponto, o artigo "Psicopatologia das relações assimétricas", de Iraci Galiás, publicado na *Revista Junguiana 18*, 2000, da Sociedade Brasileira de Psicologia-SBPA.

45. Um detalhe: se observarmos as efemérides civis, no Brasil e em diversos países, veremos que curiosamente são celebrados o Dia das Mães, o Dia dos Pais, até mesmo o Dia da Criança, e o Dia dos Namorados, mas não há oficialmente um Dia do Irmão! Isso certamente também faz parte da interdição a esse assunto.

irmão é a ferida, uma zona na alma nitidamente interditada pelo patriarcalismo da herança mitológica judaico-cristã. Rivalidade e inveja, ciúme e disputa fazem parte da constelação fraterna porque estão profundamente enraizados em nossa tradição cultural e religiosa. A história de Caim e Abel é o paradigma dessa ferida. Vejamos como ela denuncia para nós essa verdade.

Castor e Pólux, lembremos inicialmente, apresentam um padrão de cooperação e amor fraterno; Caim e Abel, em nossa tradição monoteísta judaico-cristã, um padrão de rivalidade e hostilidade fraternas. Castor e Pólux são "benéficos": "curandeiros, protegem os homens dos perigos e salvam os navegantes"[46]. Agem juntos, têm uma operação afinada[47]. Caim e Abel, por sua vez, antagonizam-se, rivalizam e discordam, agem separados, desafinados, competem, como em tantos outros mitos de heróis e deuses que são irmãos. Muito diferentes as duas histórias: dois aspectos do mesmo vínculo, duas faces do mesmo *eros*.

De acordo com a história que está em Gn 4, portanto logo no início do primeiro livro da *Bíblia*, e que todos conhecemos, Caim e Abel, irmãos disputando a atenção e o amor do Pai, competem, metem-se numa briga que acaba levando ao primeiro assassinato da história mítica do Ocidente judaico-cristão. Ou seja, essa história começa precisamente com um assassinato. E assassinato (fratricídio) é o primeiro crime, no início da perversão moral do homem. É este o ponto que quero enfatizar. Nessa disputa, na qual está em jogo o

---

46. BRANDÃO, J. *Mitologia grega*. Vol. II. Op. cit., p. 80.

47. "A gemealidade de Castor e Pólux difere de outros mitos de gêmeos no fato de que sua história aspira alcançar a afinidade" (CLARK, B. *The sibling constellation...* Op. cit., p. 118).

ganho da preferência do pai pelo presente mais apreciado, Caim, agricultor, oferece os frutos de sua lavoura (frutas e grãos); e Abel, o filho mais novo, pastor, oferece o melhor de seu gado (o sacrifício sangrento de um carneiro). A disputa assim se instala no meio do conflito arquetipicamente maior entre uma fantasia agrária e uma fantasia nômade, entre agricultor e pastor, entre fixação à terra e mobilidade animal. *Pastor, agricultor* – e pode-se acrescentar *caçador* – são três arquétipos basilares na tradição psicológica ocidental. Interiormente, e diante da vida, sempre nos encontramos entre eles: somos caracterizados e nos comportamos como pastores ou como agricultores – ou caçadores[48].

Como sugere Leon Kass:

> A agricultura requer sofisticação intelectual e disciplina psíquica: é necessário inteligência para se prever a possibilidade do pão a partir do grão, desenvolver ferramentas, proteger lavouras; é necessário autocontrole – de fato, uma mudança gigantesca na psicodinâmica da necessidade e da satisfação – a todos que trabalham hoje de forma a poder comer meses depois... O pastor, ao contrário, vive uma vida simples e, em larga escala, sem arte. Seu trabalho é suave e ameno; seu regime não requer violência. Os carneiros pastam enquanto vagueiam e produzem lã e leite a partir de si mesmos, sem que o pastor contribua ou prejudique nada[49].

---

48. Em um outro par significativo de irmãos bíblicos hostis, Jacó é um pastor e Esaú, um caçador.

49. KASS, L.R. *Farmers, Founders, and Fratricide*: The Story of Cain and Abel [Disponível em http://www.firstthings.com/issue/1996/04/april – Acesso em 20/11/2015].

Essas instâncias também refletem diferentes níveis de relação com a Mãe-Terra, como já salientou Mircea Eliade:

> É evidente, por exemplo, que os simbolismos e os cultos da Terra-Mãe, da fecundidade humana e agrária... não puderam desenvolver-se e constituir um sistema religioso amplamente articulado senão pela descoberta da agricultura. É igualmente evidente que uma sociedade pré-agrícola, especializada na caça, não podia sentir da mesma maneira, nem com a mesma intensidade, a sacralidade da Terra-Mãe. [...] Contudo, entre os caçadores nômades e os agricultores sedentários, há uma similitude de comportamento que nos parece infinitamente mais importante do que suas diferenças: *tanto uns como outros vivem num cosmos sacralizado*; uns como outros participam de uma sacralidade cósmica, que se manifesta tanto no mundo animal como no mundo vegetal[50].

O Pai aceita o presente de Abel, apontando assim a superioridade do sacrifício animal sobre o vegetal[51]. Em um acesso de inveja e fúria, abrindo com uma pedra afiada sua garganta, Caim mata seu irmão Abel. Caim mata seu único irmão, mata a possibilidade de irmanar-se, de simetria. Esse homicídio é a ruptura da fraternidade humana. E, nesse sentido, todo

---

50. ELIADE, M. *O sagrado e o profano*. São Paulo: Martins Fontes, 2001, p. 22. A vocação e o desafio desses dois homens, desses dois primeiros irmãos – embora haja um terceiro irmão, Sete (Gn 4,25) –, é serem irmãos (iguais) e ainda assim serem diferentes: no caráter, em suas atividades, em suas relações com a Mãe-Terra, e em relação ao Pai.

51. O texto não deixa claro por que a oferta carnívora de Abel é mais palatável ao Senhor do que a oferta de Caim, os frutos do solo.

homicídio é um fratricídio. Assim, Caim torna-se o primeiro assassino da história, "inventor" do homicídio, revelador da morte; e Abel, o primeiro homem a morrer, por isso considerado por alguns o primeiro mártir. O Deus hebreu então decide que Caim não mais poderia arar a terra e viveria como um eterno fugitivo, um nômade condenado a vagar rumo a leste do Éden, terra de exílio, o Deserto de Nod, onde acaba por construir uma cidade, Enoc. O primeiro filho, do primeiro casal, é duramente castigado pelo seu crime. Aqui é tudo muito inaugural: estamos no *Gênesis*. E recebe uma marca, um sinal na fronte, entre os dois olhos, para que seja daí por diante reconhecido por todos e, principalmente, para que não o matem, seguindo a lei da vingança. Sobre essa marca, Hillman tem algo a dizer no que toca nossas relações com o mundo psíquico e os sonhos:

> Todas as manhãs repetimos nossa história ocidental, matando nosso irmão, o sonho, ao matar suas imagens com conceitos interpretativos que explicam o sonho para o ego. O ego, tomando sua taça de café preto (um ritual de magia negra), caça as sombras da noite e reforça seu domínio. Ninguém vê a marca de Caim, na qual seu terceiro olho poderia estar[52].

Principalmente no que tange o arquétipo fraterno, nossa tradição mitológica e cultural inicia-se, portanto, com uma história de disputa, rivalidade e ciúme entre irmãos, que leva ao

---

52. HILLMAN, J. *The dream and the underworld*. Nova York: Harper & Row, 1979, p. 116 [*O sonho e o mundo das trevas*. Petrópolis: Vozes, 2013 [trad. de Gustavo Barcellos]].

A morte de Abel, de Gustave Doré.

fratricídio e ao exílio. É uma ferida muito profunda. Considere esta metáfora: exílio. O mito coloca, já de início, as relações de irmandade num lugar de horror, de morte, de fracasso e de impossibilidade. Em uma cultura monocêntrica, onde o pai é o primeiro princípio, é poderoso, não há espaço para as relações simétricas[53]. As emoções da inveja e do ciúme, sempre tão corrosivas e patologizadas, estão contidas nessa história de modo paradigmático[54]. É preciso adentrar a fantasia dessas emoções, para se entender mais profundamente as feridas e a sombra das relações simétricas. Apesar de capturarem nossas almas às vezes de modo muito semelhante, e de podermos por isso confundi-las, inveja e ciúme são emoções bastante diferentes: em uma desejamos o que uma pessoa tem; em outra experimentamos o medo de que alguém leve o que é nosso[55]. "Inveja", do latim *invidere*, significa "olhar dentro" com malícia, lançar um mau-olhado; "ciúme", do latim *zelosus* e do grego *zelos*, cheio de zelo, ou fervor, alude a um estado emocional mais complexo, quando tememos perder algo. A inveja ocorre no contexto de um relacionamento que envolve duas pessoas ou dois lados, enquanto que o ciúme necessita de um triângulo. A inveja é bidimensional; o ciúme é tridimensional. A imaginação da inveja funciona desejando; a do ciúme, temendo. O efeito no coração é o mesmo: devastador e vergonhoso. É uma grande sombra: a inveja tornou-se um dos sete pecados

---

53. Em uma história bastante diferente, os Irmãos Hermes e Apolo têm que se entender por ordens de seu pai Zeus. Caim e Abel brigam por causa do Pai, YHWH. Aqui estão dois padrões bem diferentes de relação com o Pai, dois modelos de autoridade.

54. A história do privilégio na Bíblia hebraica já começa com Adão e Eva. Adão tem uma posição privilegiada com relação a Eva, e posições privilegiadas, junto com um foco nos "eleitos", são centrais nesse livro. Posições privilegiadas constelam inveja. Por todo o livro temos o motivo do escolhido, do eleito, ocupando uma posição arquetípica fundamental. Assim, muitas passagens importantes colocam a hierarquia como medida de todas as relações. Portanto, temos um mito que depende da instância da hierarquia, ou da assimetria, para narrar-se.

55. Cf. a respeito, MOORE, T. *Care of the soul*. Nova York: Harper Perennial, 1994, p. 97.

capitais; o ciúme, uma humilhação. A inveja nos envolve com poder; o ciúme, com amor. A inveja é aquela loucura que ocorre quando nos comparamos com os outros e ficamos distantes de nós mesmos. Mas nunca perguntamos onde essas emoções querem nos levar.

A rivalidade – na qual adentram ciúme e inveja – é então a sombra da intimidade e da cooperação; fere diretamente nossa capacidade de *familiarizarmo-nos*, de nos tornarmos familiares de algo, lançando-nos no "exílio". É com nossos irmãos e irmãs que aprendemos a dividir e compartilhar, onde aprendemos horizontalidade não hierárquica nas relações. Portanto, a sensibilidade para a igualdade começa aqui. A rivalidade entre irmãos, essa ferida na igualdade, afeta profundamente nossa habilidade posterior de compartilhar e dividir, de pertencer e estar nos grupos, nas vizinhanças. Afeta, portanto, a amplitude da alma no mundo horizontal. Em outras palavras, afeta nossa experiência de comunidade (*Gemeinschaftsgefühl*).

Mas é por meio dessa sombra que somos, por outro lado, também iniciados nas distinções entre amigo-inimigo, que é o aspecto mais avançado das distinções que devemos fazer entre companheiro e adversário, familiar e estranho, singularidade e alteridade. O irmão é diferente e igual *ao mesmo tempo*, e é por meio desse paradoxo que a alma encontra seu caminho na horizontalidade do mundo. O irmão é a base arquetípica para a construção do Outro, e para a recriação de uma ideia e um sentido de comunidade dentro das "novas ordens" do Ocidente contemporâneo[56].

---

56. Cf. a respeito a discussão de Magaldy Téllez: "A paradoxal comunidade por vir". In: LARROSA, J. & SKLIAR, C. (orgs.). *Habitantes de Babel* – Políticas e poéticas da diferença. Belo Horizonte: Autêntica, 2001, p. 45-78.

No entanto, se conseguimos entender esses processos como arquetipicamente determinados é porque podemos perceber neles a presença de uma pessoa divina. Essa pessoa, creio, é Hermes. Quem conhece o livro de Rafael López-Pedraza[57] sobre Hermes certamente pode se beneficiar imensamente de sua investigação da psicologia desse deus e de seus preciosos *insights* sobre a natureza arquetípica das constelações herméticas[58]. Ali, López-Pedraza fala da margem em que se encontra mitologicamente o deus do comércio e da troca. Isso toca precisamente nosso assunto. Por meio da presença arquetípica de Hermes – "um deus não autoritário" (López-Pedraza), lembre-se, deus das estradas e dos caminhos, um demarcador – o jogo entre irmãos inicia-nos no aprendizado da conexão, da troca, do compartilhar e dividir, do vencer e perder, assim como da separação, do engano, da traição, da dualidade e da polaridade. A presença de Hermes impõe sempre uma linha-limite, uma duplicidade, pois ele está nas fronteiras, rege as fronteiras. "Uma série de epítetos celebra Hermes como deus das vias e dos limiares"[59]. A linha de fronteira de Hermes nos "implica uma simetria de relacionamento", como diz López-Pedraza[60].

No território dos irmãos, dos gêmeos, das relações simétricas, estamos sempre numa borda, num limite, limítrofes todos, tendo que lidar mais agudamente com separações e identificações: na borda entre o que sou e o que não sou,

---

57. LÓPEZ-PEDRAZA, R. *Hermes e seus filhos*. São Paulo: Paulus, 1999.
58. Cf. tb. KERÉNYI, K. *Hermes, guide of souls*. Putnam, Conn.: Spring Publications, 2008.
59. OTTO, W. *Os deuses da Grécia*. São Paulo: Odysseus, 2005, p. 103.
60. LÓPEZ-PEDRAZA, R. *Hermes e seus filhos*. Op. cit., p. 37.

onde o que sou e o que não sou estão *simetricamente* em relação. (Mas aqui, note-se bem, não se trata exatamente do problema da *sombra*, no sentido junguiano do termo, pois a sombra, vale lembrar, é *também* o que sou.)

Delimitar território faz parte essencial da experiência do "irmão". Portanto estamos, em sentido maior, sob a regência de Hermes/Mercúrio, cuja própria natureza é limítrofe. É por esse caminho que melhor podemos entender a participação e a influência desse deus nas relações de simetria, especialmente aquela do irmão.

Em seu livro, López-Pedraza corre um longo percurso em torno da relação de Hermes com seu irmão Apolo, tão fundamental para se entender a epifania de Hermes. Com ele aprendemos que há mais alma na distância prenhe de conexão, naquela "distância legítima" de que fala López-Pedraza, do que naquele contato que só serve para borrar os limites e as diferenças, apagando a verdadeira conexão:

> O relacionamento entre os dois irmãos melhora substancialmente quando Hermes promete que "nunca furtaria nada que pertencesse àquele-que--atira-longe, e que nunca se aproximaria de sua forte morada". Diante dessa promessa, existe uma demarcação de territórios de ambos, o que, naturalmente, tranquiliza Apolo; logo este está pronto para amar Hermes mais do que a todos os outros. A estipulação de limites para seus dois campos de ação, a demarcação de fronteiras, desencadeia um movimento rumo ao amor, ao eros, envolvendo os dois irmãos. Foi criada uma distância legítima[61].

---

61. Ibid., p. 98.

Semelhança na diferença revela, nesse sentido, um nível avançado da consciência hermética. Esse é, quero crer, o tema mais importante e a lição mais difícil das relações fraternas.

Irmãos e irmãs são, por fim, aqueles que trazem nosso sentido mais profundo de *dualidade* e, nesses termos, são uma iniciação: "uma conscientização de que a individualidade não é essencialmente unidade, mas duplicidade, e que nosso ser é metafórico, sempre em dois níveis ao mesmo tempo"[62]. Hillman compreende bem este ponto, que é também o tema arquetípico do Duplo[63]:

> Só essa verdade dupla, *gloria duplex*, pode oferecer proteção contra o naufrágio, ensinando-nos a não afundar entre as imensas rochas monolíticas das realidades literais. [...] Onde quer que se esteja, há sempre um "outro" em que nossa existência se reflete, e devido a quem somos sempre "mais", "diferentes", e "além" daquilo que se é aqui e agora[64].

A consciência da dualidade está, portanto, no coração da vivência do arquétipo fraterno como experiência primordial desse campo duplo, o campo do Outro (em nós mesmos e na realidade externa). A mitologia africana iorubá, por exemplo, concebe, entre seus deuses, um orixá permanentemente duplo: Igbeji. Os Ibejis respeitam o princípio básico da dualidade

---

62. HILLMAN, J. *O livro do* puer. Op. cit., p. 198.

63. O Duplo tem pouco a ver com o arquétipo fraterno em si, ou seja, o fraterno como fonte do sentimento e da experiência da horizontalidade e das relações de igualdade. O Duplo expressa, em última instância, a necessidade de estar-se conectado consigo mesmo, a uma alma interna imortal – que então pode se apresentar em sonhos e fantasias como um irmão interior de mesmo sexo.

64. HILLMAN, J. *O livro do* puer. Op. cit., p. 198.

e, como se sabe, "presidem a infância e a fraternidade, a duplicidade e o lado infantil dos adultos"⁶⁵, e são conhecidos como projetores dos gêmeos.

Jung, em seu ensaio "Sobre o Renascimento", de 1950, também menciona a consciência da dualidade como importante na individuação, e nos processos naturais de transformação – e usa a imagem do "amigo interior de alma" para referir-se ao outro ser em nós mesmos a quem a natureza quer nos conectar. E traz a imagem mitológica de Castor e Pólux, ou seja, a imaginação da gemealidade, do amor de irmãos:

> Nós somos aquele par de Dióscuros, um dos quais é mortal e o outro imortal, que, sempre estando juntos, nunca podem se tornar completamente um. Os processos de transformação buscam aproximá--los um do outro, mas nossa consciência sabe das resistências, porque a outra pessoa parece um estranho misterioso, e porque não conseguimos nos acostumar com a ideia de que não somos donos absolutos de nossa casa. Preferiríamos ser sempre o "Eu" e nada mais. Mas somos confrontados com aquele amigo ou inimigo interior, e se ele é nosso amigo ou inimigo depende de nós⁶⁶.

A psicopatologia das relações desse arquétipo também nos ensina que o *fracasso* no reconhecimento da dualidade fundamental e inerente a toda existência humana leva-nos diretamente ao que Jung identificará depois como unilateralidade. Unilateralidade é a definição específica junguiana

---

65. PRANDI, R. *Mitologia dos orixás*. Op. cit., p. 22.

66. JUNG, C.G. *CW* 9, I, § 235.

de neurose[67]. Esse fracasso será também mais tarde melhor formulado, dentro do âmbito da psicologia arquetípica, como a queda da consciência na perspectiva apenas literal sobre todas as coisas, ou seja, a "perda da metáfora", ou do sentido metafórico duplo de todos os eventos: a perda da dualidade. Aí está o "erro" psicológico mais primário e insidioso, aquele que mais nos arranca de uma consciência da alma.

É principalmente esse sentido de duplicidade que perdemos com as feridas nas relações fraternas, o que naturalmente lança todo o tema da igualdade numa esfera sombria.

Nessa esfera sombria permanece nosso tema. Reprimidas, irmandade, igualdade e simetria, como tarefa no aprendizado da alma, só poderão dar lugar ao autoritarismo, às relações de poder, de dominação e opressão, à dependência, à infantilidade – isso, tanto no âmbito histórico pessoal quanto no coletivo. É com o irmão arquetípico que construímos na alma a experiência e o sentido da igualdade e da simetria, tão importantes para o sucesso ou o fracasso do estabelecimento de várias relações significativas durante a vida. É também com ele que os quebramos.

A experiência da irmandade lança-nos num campo policêntrico, e assim nos complexifica, pois nos remete a uma rede horizontal de relações. A experiência da irmandade torna as coisas mais complexas para nós.

Assim sendo, oposição e complementaridade, separação e identificação, por si só constelam o "problema fraterno": irmãos e irmãs são aqueles que, nascidos do mesmo ventre,

---

67. *CW* 16, § 257: "A neurose é, via de regra, um desenvolvimento patológico, unilateral da personalidade, cujos inícios imperceptíveis podem ser traçados quase que indefinidamente até os primeiros anos da infância".

indicam meu duplo, minha duplicidade. Estamos, aqui mais do que em qualquer outro território, no caminho do paradoxo, o caminho hermético da contradição, da ambiguidade: lugar do encontro, lugar para encontrar os outros. O arquétipo fraterno, talvez mais diretamente, põe-nos diante das *dinâmicas da diferença*, tema tão mundialmente atual. Ele aponta para a experiência sempre tão inquietante da alteridade.

3 O irmão e a família reconstituída

Aquilo que se denomina hoje de "família reconstituída" representa um importante campo e um grande desafio na clínica psicoterápica contemporânea.

Retomo a citação de James Hillman que deu início a todas essas reflexões sobre o arquétipo fraterno, agora com vistas a fazer algumas observações sobre a situação do irmão particularmente na família reconstituída, suas fantasias e sua problemática. Na passagem, Hillman aponta primeiramente o tema da própria *reconstituição* da família. Portanto, ainda naquela mesma nota de *O mito da análise* (1972) que venho citando, recordemos então algumas de suas palavras:

> A reconstituição da família não pode ser baseada nem na metáfora anterior de pais e filhos nem na nova, a da família democraticamente "funcional". Para recriar a família em nossa geração, eros e psique devem ter a possibilidade de se encontrar no lar. [...]
>
> Essa perspectiva não se apoia nas relações hierárquicas de pais e filhos e nas questões da primeira infância, autoridade e rebelião, mas visa a relação de almas, como entre irmão e irmã[68].

---

68. HILLMAN, J. *The myth of analysis*. Op. cit., p. 58, nota 56.

De acordo com a inspiração dessas palavras, à reconstituição da família precede o anseio de que eros e psique possam se encontrar, ou se reencontrar, numa situação de simetria. Esse seria o paradigma mais psicológico para a reconstituição da própria família. Tem o caráter de um compromisso de verdade. E traz o eco do arquétipo fraterno. Novas adesões e novos arranjos no contexto familiar não podem ser realizados sem sua concorrência.

Para recriar a família em nossa vida, eros e psique precisam então da possibilidade de se reencontrar em casa. Na constituição de uma nova família, com o advento de novos membros (novos pais ou mães, e novos irmãos, pré-existentes ou gerados a partir dessa nova união), e com as relações mais ou menos problemáticas entre antigos cônjuges, o que está em jogo é a busca pela reconstituição de um eros significativo e criativo nas vidas daquelas pessoas que almejaram o restabelecimento para elas desses vínculos instituídos a que chamamos de "família". Só esse *eros*, que não terá realidade se estiver longe de uma experiência cheia de *alma*, poderá sustentar as dificuldades e os desafios da tarefa e até mesmo o êxito pleno de uma reconstituição. Do contrário, o esforço é burocrático, estará no âmbito confortável/desconfortável da *persona* apenas, e se provará naturalmente vazio.

Nossa experiência moderna de "família" deriva-se de uma ideia latina. Já mencionamos que essa ideia se refere a casa e tudo o que pertence a ela, ou que está nela, como seus bens móveis e imóveis, sua mobília e seus objetos, seus habitantes e seus hóspedes, seus animais e suas coisas, sua herança e sua ancestralidade, e os espíritos dessa ancestralidade. A reconstituição da família segue essa mesma fantasia inconsciente, e reforça a mesma ideia: o que entra na "casa", em caráter mais ou menos permanente, vira *família*.

Nota-se, novamente, um jogo de palavras intenso entre família e familiar. Aqui, esse é o jogo entre semelhança e diferença, aquele que estabelece as relações possíveis, ou impossíveis, entre "igual" e "outro". Esse é, a meu ver, o sentido arquetípico essencial e mais profundo da ideia de família na experiência humana. Esse sentido esbarra, claro, no arquétipo da horizontalidade, no arquétipo fraterno e seus desafios, como venho querendo demonstrar.

Mas é preciso fazer a importante distinção entre as noções de família reconstituída e de família recomposta. A reconstituição é um processo muito mais complexo do que uma mera recomposição. A esse processo dirigem-se coração e alma. À decomposição de um antigo arranjo, um antigo amor que já "não está mais", segue-se uma fantasia e um anseio mais profundo e cheio de complicações que é melhor descrito pelo termo *reconstituição*. A reconstituição é uma reconstrução.

Na família reconstituída entendemos, por exemplo, que os filhos estão em construção/constituição, e os pais estão em reconstrução/reconstituição. Isso coloca dois (ou mais) tempos geracionais no mesmo cenário, e as relações desses tempos psicológicos é fonte e palco de muito desentendimento e de muita psicopatologia.

* * *

Como a conhecemos e vivenciamos hoje, a experiência de família dá-se fundamentalmente por meio de três grandes eixos. São eles: as relações conjugais dos pais; as relações dos pais com os filhos; e, finalmente, as relações entre os irmãos. Nesses campos experimentamos os entrelaçamentos constantes, compostos e complexos (além de tantas vezes problemáticos), das relações assimétricas com as relações simétricas. Maternalismo e paternalismo, por um lado, e fraternidade, por outro, influenciam-se contínua e mutuamente, e até mesmo, em alguns casos, se confundem. As novas ordens da família contemporânea indicam uma experimentação muito grande nessas relações, experimentações nem sempre muito bem-sucedidas. Pais-irmãos, filhos-pais, irmão-pais: os vetores tradicionais das relações familiares rearranjam-se como que não cabendo mais nos velhos modelos. A era aquariana exige esforços emocionais ainda pouco elaborados.

Do ponto de vista das relações simétricas, a experiência de família reconstituída representa a oportunidade de uma ampliação também da noção de *fratria*. A ideia e a experiência de uma família ampliada, a que a família reconstituída remete, leva-nos a reconhecer, do ponto de vista do irmão, a experiência também de uma *fratria* ampliada. Somente a partir de uma noção de *fratria* ampliada podemos entender e vivenciar uma "*fratria* reconstituída". A *fratria* ampliada, por sua vez, coloca-nos então, de forma agora muitas vezes mais dramática, novamente diante dos difíceis desafios da horizontalidade, do compartilhar, do dividir, do negociar, pois traz o aparecimento em cena de novos irmãos com os quais temos que lidar neste nível.

Traz também a experiência de situações que criam novos modelos de rivalidade e de afinidade: a própria descoberta de novas e inesperadas (às vezes indesejadas) afinidades; o desenvolvimento de novos arranjos afetivos, onde "novos" irmãos muitas vezes são mais próximos do que os biológicos.

O próprio vínculo de irmandade, na experiência anterior que podemos ter tido da *fratria* – tão importante como temos visto para a constituição do indivíduo e suas relações –, se foi quebrado, interditado ou ferido no arranjo da família de origem, tem agora uma oportunidade de ser *reconstituído*, reelaborado, reconstruído. Por outro lado, as situações de conflito podem ser mais frequentes e refletem, quase sempre, a difícil divisão dos afetos parentais. Aqui entram as negociações e os arranjos de moradia e de divisão de tempo, atenção e dinheiro.

Na *fratria* ampliada, as figuras que aparecem no cenário são: o "falso irmão", que são os filhos que vêm junto com o novo cônjuge; e o "meio-irmão", os filhos do novo casal. Do ponto de vista do novo casal, estes são os "enteados".

Assim, da perspectiva do irmão, ou seja, das relações de horizontalidade e simetria, a adaptação à família reconstituída requer um esforço extra. Quando juntam-se irmãos de pais diferentes, numa mesma família ampliada, ainda que não necessariamente em co-habitação, novas questões terão de ser enfrentadas. Esses são vínculos não escolhidos, vínculos impostos, diríamos, mas que é preciso partilhar. E se os novos irmãos são mais inteligentes, ou mais interessantes, ou mais afetuosos? Como gostar deles? Como *não* gostar deles – e exprimi-lo? E se houver rejeição, mútua ou unilateral? Como fazer acordos? Como estar aberto e receptivo para afetos, e como negociá-los? Como reposicionar-se num novo grupo de pessoas? Como viver e acomodar novos arranjos e novos diálogos?

* * *

Sabemos que o vínculo fraterno tem características próprias, tão singulares quanto evidentes, e que somos em geral mais tempo irmãos do que filhos. Os vínculos fraternos podem ser mais fortes do que aqueles das relações com os pais. Sabemos, ainda, que os vínculos fraternos estão mais expostos a rupturas e distanciamento.

Contudo, podemos concluir finalmente que a *fratria* é sempre a experiência de uma grande intimidade que não foi escolhida, mas imposta pelos pais, tanto na família original quanto na família reconstituída. *Fratria*, a experiência da irmandade, significará sempre, tanto na família constituída quanto na reconstituída, mais do que tudo, compartilhar lembranças. Tarefa para a vida toda.

Referências

BARCELLOS, G. (2012). *Psique & imagem* – Estudos de psicologia arquetípica. Petrópolis: Vozes.

_____ (2006). *Voos e raízes* – Ensaios sobre imaginação, arte e psicologia arquetípica. São Paulo: Ágora.

_____ (2005). "Revendo o mito da análise: contribuições da psicologia arquetípica". In: WERRES, J. (org.). *Ensaios sobre a clínica junguiana*. Porto Alegre: Imprensa Livre.

BRANDÃO, J. (1998). *Mitologia grega*. Vol. II. Petrópolis: Vozes.

BRITTO, N. (2002). *Rivalidade fraterna* – O ódio e o ciúme entre irmãos. São Paulo: Ágora.

Cahiers Jungiens de Psychanalyse: Frères et soeurs, n. 101, 2001. Paris.

CLARK, B. (1999). *The sibling constellation*: the astrology and psychology of sisters and brothers. Arkana: Penguin.

DERRIDA, J. (2001). *Estados da alma da psicanálise*. São Paulo: Escuta.

DOWNING, C. (1990). *Psyche's sisters*: reimagining the meaning of sisterhood. Nova York: Continuum.

ELIADE, M. (2001). *O sagrado e o profano*. São Paulo: Martins Fontes.

FERREIRA, A.B.H. (1999). *Novo Aurélio Século XXI* – O dicionário da língua portuguesa. Rio de Janeiro: Nova Fronteira.

FREUD, S. "A dinâmica da transferência" (1912). In: *Edição standard brasileira das obras psicológicas completas*. Vol. XII. Rio de Janeiro: Imago.

GALIÁS, I. (2000). "Psicopatologia das relações assimétricas". In: *Junguiana* – Revista da Sociedade Brasileira de Psicologia (SBPA), n. 18, p. 113-131.

HILLMAN, J. (1999). *O livro do* puer – Ensaios sobre o arquétipo do *puer aeternus*. São Paulo: Paulus.

_____ (1995). "Édipo revisitado". In: *Édipo e variações*. Petrópolis: Vozes.

_____ (1983). *Healing fiction*. Nova York: Station Hill [*Ficções que curam* – Psicoterapia e imaginação em Freud, Jung e Adler. Campinas: Verus, 2010].

_____ (1979). *The dream and the underworld*. Nova York: Harper & Row [*O sonho e o mundo das trevas*. Petrópolis: Vozes, 2013 [trad. de Gustavo Barcellos]].

_____ (1978). *The myth of analysis*. Nova York: Harper & Row [*O mito da análise*. Rio de Janeiro: Paz e Terra, 1984 [trad. de Norma Telles]].

JAEGER, W. (1994). *Paideia* – A formação do homem grego. São Paulo: Martins Fontes.

JUNG, C.G. (1965). *Memories, Dreams, Reflections* (1961). Nova York: Vintage Books [ed. de Aniela Jaffé].

_____ (1953-1979). *The Collected Works of C.G. Jung*. 20 vols. Princeton, NJ: Princeton University Press. [Ed. de H. Read, M. Fordham, G. Adler e W. McGUIRE; trad. de R.F.C. Hull] [Bollingen Series] [Referidos pela abreviatura *CW*, seguida do número do volume e do parágrafo].

KASS, L.R. (1996). *Farmers, Founders, and Fratricide*: The Story of Cain and Abel [Disponível em http://www.firstthings.com/issue/1996/04/april [Acesso em 20/11/2015].

KEHL, M.R. (org.) (2000). *Função fraterna*. Rio de Janeiro: Relume Dumará.

KERÉNYI, C. (2008). *Hermes, guide of souls* (1976). Putnam, Conn.: Spring Publications.

_____ (1985). *The Gods of the Greeks* (1951). Nova York: Thames and Hudson.

LARROSA, J. & SKLIAR, C. (orgs.) (2001). *Habitantes de Babel*: políticas e poéticas da diferença. Belo Horizonte: Autêntica.

LELOUP, J.-Y. & BOFF, L. (2002). *Terapeutas do deserto* – De Fílon de Alexandria e Francisco de Assis a Graf Dürckheim. Petrópolis: Vozes.

LIGIÉRO, Z. (1999). *Iniciação ao candomblé*. Rio de Janeiro: Record/Nova Era.

LOEWE, E. (1990). "Elemental Images of 'Impossible Love': the Brother Sister Coniunctio as Reflected in Art". In: *SPHINX* 3 – A journal for archetypal psychology and the arts. Londres: London Convivium for Archetypal Studies.

LÓPEZ-PEDRAZA, R. (1999). *Hermes e seus filhos*. São Paulo: Paulus.

LURKER, M. (1987). *Dictionary of Gods and Goddesses, Devils and Demons*. Nova York: Routledge & Kegan Paul.

MIGNET, M. (2001). "La grande soeur". In: *Cahiers Jungiens de Psychanalyse*: Frères et soeurs, n. 101, p. 7-20 Paris.

MOORE, T. (1994). *Care of the soul*. Nova York: Harper Perennial.

OTTO, W.F. (2005). *Os deuses da Grécia*. São Paulo: Odysseus.

PIERI, P.F. (2002). *Dicionário Junguiano*. São Paulo: Paulus.

PRANDI, R. (2001). *Mitologia dos orixás*. São Paulo: Companhia das Letras.

SHARP, D. (1993). *Léxico junguiano*. São Paulo: Cultrix.

SISSA, G. & DETIENNE, M. (1990). *Os deuses gregos*. São Paulo: Companhia das Letras.

SÓFOCLES (1993). *A trilogia tebana*. Rio de Janeiro: Zahar [trad. do grego, intr. e notas de Mário da Gama Kury].

"The Magazine of Myth and Tradition" (1994). In: *TWINS*, vol. XIX, n. 2, maio.

VERGER, P. (1999). *Notas sobre o culto aos orixás e voduns na Bahia de Todos os Santos, no Brasil, e na antiga costa dos escravos, na África*. São Paulo: USP.

VERNANT, J.-P. (2002). *Mito e pensamento entre os gregos* – Estudos de psicologia histórica. Rio de Janeiro: Paz e Terra.

Coleção Reflexões Junguianas
Assessoria: Dr. Walter Boechat

- *Puer-senex – Dinâmicas relacionais*
Dulcinéa da Mata Ribeiro Monteiro (org.)
- *A mitopoese da psique – Mito e individuação*
Walter Boechat
- *Paranoia*
James Hillman
- *Suicídio e alma*
James Hillman
- *Corpo e individuação*
Elisabeth Zimmermann (org.)
- *O irmão: psicologia do arquétipo fraterno*
Gustavo Barcellos
- *Viver a vida não vivida*
Robert A. Johnson e Jerry M. Ruhl
- *Re-vendo a psicologia*
James Hillman
- *Sonhos – A linguagem enigmática do inconsciente*
Verena Kast
- *Introdução à Psicologia de C.G. Jung*
Wolfgang Roth
- *O encontro analítico*
Mario Jacoby
- *O amor nos contos de fadas*
Verena Kast
- *Psicologia alquímica*
James Hillman
- *A criança divina*
C.G. Jung e Karl Kerényi
- *Sonhos – Um estudo dos sonhos de Jung*
Marie-Louise von Franz
- *O livro grego de Jó*
Antonio Aranha
- *Ártemis e Hipólito*
Rafael López-Pedraza
- *Psique e imagem*
Gustavo Barcellos
- *Sincronicidade*
Joseph Cambray
- *A psicologia de C.G. Jung*
Jolande Jacobi
- *O sonho e o mundo das trevas*
James Hillman
- *Quando a alma fala através do corpo*
Hans Morschitzky e Sigrid Sator
- *A dinâmica dos símbolos*
Verena Kast
- *O asno de ouro*
Marie-Louise von Franz
- *O corpo sutil de eco*
Patricia Berry
- *A alma brasileira*
Walter Boechat (org.)
- *A alma precisa de tempo*
Verena Kast
- *Complexo, arquétipo e símbolo*
Jolande Jacobi
- *O animal como símbolo nos sonhos, mitos e contos de fadas*
Helen I. Bachmann
- *Uma investigação sobre a imagem*
James Hillman
- *Desvelando a alma brasileira*
Humbertho Oliveira (org.)
- *Jung e os desafios contemporâneos*
Joyce Werres
- *Morte e renascimento da ancestralidade da alma brasileira*
Humbertho Oliveira (org.)
- *O homem que lutou com Deus*
John A. Sanford
- *O insaciável espírito da época*
Humbertho Oliveira, Roque Tadeu Gui e Rubens Bragarnich (org.)
- *A vida lógica da alma*
Wolfgang Giegerich
- *Filhas de pai, filhos de mãe*
Verena Kast
- *Abandonar o papel de vítima*
Verena Kast
- *Psique e família*
Editado por Laura S. Dodson e Terrill L. Gibson
- *Dois casos da prática clínica de Jung*
Vicente L. de Moura

Conecte-se conosco:

- facebook.com/editoravozes
- @editoravozes
- @editora_vozes
- youtube.com/editoravozes
- +55 24 99267-9864

www.vozes.com.br

Conheça nossas lojas:

www.livrariavozes.com.br

Belo Horizonte – Brasília – Campinas – Cuiabá – Curitiba
Fortaleza – Juiz de Fora – Petrópolis – Recife – São Paulo

EDITORA VOZES — VOZES NOBILIS — Vozes de Bolso — Vozes Acadêmica

EDITORA VOZES LTDA.
Rua Frei Luís, 100 – Centro – Cep 25689-900 – Petrópolis, RJ
Tel.: (24) 2233-9000 – E-mail: vendas@vozes.com.br